TOURISM ENGLISH PROFICIENCY TEST

観光英検3級の精選過去問題

全国語学ビジネス観光教育協会
観光英検センター（編）
山口百々男（監修）

三修社

● 音声ダウンロード・ストリーミング

CD と同内容の音声をご利用いただけます。

1. PC・スマートフォンで本書の音声ページにアクセスします。

   https://www.sanshusha.co.jp/np/onsei/isbn/9784384060065/

2. シリアルコード「06006」を入力。

3. 音声ダウンロード・ストリーミングをご利用いただけます。

目　次

CDトラック対応表

第1回リスニング試験	
Track	**問題番号**
01	試験アナウンス
02	**6** (51)
03	(52)
04	(53)
05	(54)
06	(55)
07	**7** (56)
08	(57)
09	(58)
10	(59)
11	(60)
12	**8** (61) ～ (70)
13	**9** (71)
14	(72)
15	(73)
16	(74)
17	(75)
18	(76)
19	(77)
20	(78)
21	(79)
22	(80)
23	**10** Part A (81) ～ (85)
24	Part B (86) ～ (90)

第2回リスニング試験	
Track	**問題番号**
25	試験アナウンス
26	**6** (51)
27	(52)
28	(53)
29	(54)
30	(55)
31	**7** (56)
32	(57)
33	(58)
34	(59)
35	(60)
36	**8** (61) ～ (70)
37	**9** (71)
38	(72)
39	(73)
40	(74)
41	(75)
42	(76)
43	(77)
44	(78)
45	(79)
46	(80)
47	**10** Part A (81) ～ (85)
48	Part B (86) ～ (90)

第3回リスニング試験	
Track	**問題番号**
49	試験アナウンス
50	**6** (51)
51	(52)
52	(53)
53	(54)
54	(55)
55	**7** (56)
56	(57)
57	(58)
58	(59)
59	(60)
60	**8** (61) ～ (70)
61	**9** (71)
62	(72)
63	(73)
64	(74)
65	(75)
66	(76)
67	(77)
68	(78)
69	(79)
70	(80)
71	**10** Part A (81) ～ (85)
72	Part B (86) ～ (90)

観光英語検定試験の概要

主催： 全国語学ビジネス観光教育協会
　　　 観光英検センター

後援： 文部科学省
　　　 一般社団法人　日本ホテル協会
　　　 一般社団法人　日本旅行業協会
　　　 株式会社 JTB 総合研究所

試験実施日

10 月下旬　1 級・2 級・3 級

願書受付期間：4 月初旬〜 9 月中旬

お問い合わせ　受験案内・願書等申込先

〒 101-0061 東京都千代田区神田三崎町 2-8-10　ケーブビル 2F

観光英検センター（全国語学ビジネス観光教育協会内）

TEL 03-5275-7741　FAX 03-5275-7744
http://www.zgb.gr.jp　E-mail:info@zgb.gr.jp

（1）　観光英語検定試験

　観光英語検定試験（TEPT = Tourism English Proficiency Test）は、グローバル化された世界の中での観光分野・旅行分野において、特定の資格を与えるために必要な「語学」（「読む・書く・話す・聞く」の総合的な英語コミュニケーション能力）と「文化」（海外または国内における「観光事情」や「日本事情」の総合的な基礎知識）に関する教養とその運用能力の有無をはかる試験である。

［注］以下、観光英語検定試験を「観光英検」と略す。

（2）　観光英検の認定基準と運用範囲

　観光英検には「1 級・2 級・3 級」の各レベルがあり、それぞれの到達レベルの目安は次のようなものである。

3級（初級レベル）

1. 英検（実用英語技能検定）3級程度／ TOEIC® L&R TEST スコア 220 － 470 程度
2. 海外における「団体旅行」に参加して、少人数での観光名所巡り、ホテル・レストラン、ショッピングなどにおいて必要とされる観光・旅行全般に関する基礎的な英語を運用することができる。
3. 国内において、外国人に対して「道案内」や「パンフレット類」などを英語で説明することができる。また日本の観光名所、さらには日本の伝統文化や現代文化をやさしい英語で紹介することができる。

2級（中級レベル）

1. 英検（実用英語技能検定）2級程度／ TOEIC® L&R TEST スコア 470 － 600 程度
2. 観光・旅行関係の業界において、海外業務に携わる時に必要とされる基礎的な英語を運用することができる。
3. 海外における「個人旅行」をするとき、個人で旅程を組み、乗り物やホテルの予約、また単独で観光や買い物などを英語で対処することができる。
4. 国内において、外国人に対して日本の観光名所や名所旧跡、また日本の伝統文化や現代文化など日本の観光事情や文化事情を英語で紹介することがきる。

1級（上級レベル）

1. 英検（実用英語技能検定）準1級・1級程度／ TOEIC® L&R TEST スコア 600 － 860 程度
2. 国内において、「外国人観光客」に対して日本各地の観光地や名所旧跡などを英語で紹介しながら「通訳ガイド」（Guide-Interpreter）ができる。
3. 海外において、日本から同行する「日本人観光客」などを接遇しながら英語で「添乗」（Tour Escort）することができる。
4. 国内または海外のエアライン関連の業務遂行にあたり、外国人に対して十分に接客できる「客室乗務員」（Flight Attendant）や「地上係員」（Ground Staff）として英語で対応することができる。
5. 国内または海外のホテル・レストラン関連の業務遂行において、外国人に対して十分に接客できる「ホテル主任」（Hotel Assistant Manager）として英語で対応することができる。
6. その他観光・旅行関連の広い教養と一般常識を保ちながら、海外また国内において英語で活躍できる。
7. 海外における風俗習慣や国際儀礼などの「異文化」を英語で理解することができる。

（3） 観光英検の試験方法

〈1〉 試験の所要時間

- ◆ 3 級　　筆記試験：60 分　　リスニング試験：約 30 分
- ◆ 2 級　　筆記試験：60 分　　リスニング試験：約 30 分
- ◆ 1 級　　筆記試験：10 分　　面接試験：約 10 分

〈2〉試験問題の出題数と番号

2 級・3 級

「筆記試験」は (1) ～ (50)、「リスニング試験」は (51) ～ (90)、合計 90 題となっている。

1 級

「筆記試験」は (1) ～ (4) の 4 題、「面接試験」は (1) ～ (4) の 4 題、合計 8 題となっている。

〈3〉 出題の方式

2 級・3 級

「筆記試験」と「リスニング試験」における全問は「客観問題」であり、4 つの選択肢のうちから正解を 1 つ選び、解答用紙のマーク欄を塗りつぶす「四肢択一・マークシート方式」となっている。

筆記試験

- 設問 1 **「適語の選択」**：Part A では設問の下線部分の英語に対応する和訳を選ぶ。Part B では設問に「適語」を選択するように下線が施され、その空所に対して 4 つの選択肢の中から正解を 1 つ選ぶ。
- 設問 2 **「語句・適文の選択」**：設問には「語句・適文」を選択するように下線が施され、その空所に対して 4 つの選択肢の中から正解を 1 つ選ぶ。
- 設問 3 **「語句の整序」**：設問には「適切な文章」を構成するように下線が施され、その空所に対して 4 つの選択肢の中から正解を 1 つ選ぶ。
- 設問 4 **「正誤選択」**：英文資料を読み、その内容について正しいものを 4 つの選択肢の中から選ぶ。または内容と一致する「正しい文」、あるいは「正しくない文」を 4 つの選択肢の中から 1 つ選ぶ。
- 設問 5 **「空欄補充」**：設問を読み、その内容と一致するよう空所に「適切な語句」を 4 つの選択肢の中から 1 つ選ぶ。

設問 6	**「写真描写」**：設問の「写真」を説明しているものを4つの選択肢の中から1つ選ぶ。
設問 7	**「イラスト描写」**：設問の「イラスト」を説明しているものを4つの選択肢の中から1つ選ぶ。
設問 8	**「対話形式」**：設問の「対話文」においてコミュニケーションが成立するように、4つの選択肢の中から正解を1つ選ぶ。
設問 9	**「会話形式」**：設問の「会話文」においてコミュニケーションが成立するように、4つの選択肢の中から正解を1つ選ぶ。
設問 10	**「会話／説明文形式」**：「海外観光事情」または「国内観光事情」に関する会話／説明文形式の放送を聞き、4つの選択肢の中から正解を1つ選ぶ。

1 級

「筆記試験」は「英文和訳」「和文英訳」を記述方式で行う。

「面接試験」は特定課題について試験官と受験者とによる英問英答を行う。

（4） 観光英検の問題の形式と内容

●「3級・2級」における問題の形式と内容

〈1〉問題の形式

筆記試験

[A] 語学面

設問 1	観光用語の問題 (Vocabulary)
	適語の選択 (Fill-in-the-blank)
	[Part A] 英−和形式：[1] 〜 [5]
	[Part B] 和−英形式：[6] 〜 [10]
設問 2	英語コミュニケーションの問題 (Communication)
	語句・適文の選択 (Fill-in-the-blank)
	[Part A] 対話形式 :[11] 〜 [15]
	[Part B] 会話形式 :[16] 〜 [20]
設問 3	英文構成の問題 (Composition)
	語句の整序 (Word order/ Fill-in-the-underline)
	「海外観光」・「国内観光」[21] 〜 [25]
設問 4	英文読解の問題 (Reading Comprehension)

正誤選択（Multiple-choice by filling-in-the-blank）

[Part A]『資料』「海外観光」[26] ～ [30]

[Part B]『資料』「国内観光」[31] ～ [35]

[Part C]『会話』「国内観光」[36] ～ [40]

[B] 知識面

設問 5 観光事情に関する内容把握の問題 (Overseas Tourism & Japanese Tourism)

空所補充 (Multiple-choice by filling-in-the-blank)

[Part A]「海外観光」[41] ～ [43]・「海外文化」[44] ～ [45]

[Part B]「国内観光」[46] ～ [48]・「国内文化」[49] ～ [50]

リスニング試験

[A] 語学面

設問 6 写真描写による状況把握の問題 (Picture Format)

「海外観光」[51] ～ [53]

「国内観光」[54] ～ [55]

設問 7 イラスト描写による状況把握の問題 (Illustration Format)

「海外観光」[56] ～ [58]

「国内観光」[59] ～ [60]

設問 8 対話に関する内容把握の問題 (Dialogue Format)

「海外観光」[61] ～ [65]

「国内観光」[66] ～ [70]

設問 9 会話に関する内容把握の問題 (Conversation Format)

「海外観光」[71] ～ [75]

「国内観光」[76] ～ [79]

[B] 知識面

設問 10 【3級】会話に関する内容把握の問題 (Conversation Format)

[Part A]「海外観光」[81] ～ [85]

[Part B]「国内観光」[86] ～ [90]

【2級】説明文に関する内容把握の問題 (Description Format)

[Part A]「海外観光」[81] ～ [85]

[Part B]「国内観光」[86] ～ [90]

〈2〉問題の内容

旅行関連

1. **エアライン**
   出発：自動搭乗手続き、検問、出入国手続き、顔認識機、搭乗、免税店など
   機内：設備、座席、化粧室、機内食、機内販売、離着陸など
   到着：通過乗客、乗り換え客、入国、荷物受取、税関申告など

2. **ホテル**
   フロント：自動チェックイン、チェックアウト、会計など
   宿泊：客室、客室設備、各種接客サービス、顔認識機など
   宴会：宴会、各種会議など

3. **レストラン**
   飲食：食堂、カフェショップ、バー、宴会など
   食堂：予約、注文、従業員など
   食事：朝食、昼食、夕食、バイキング、カフェテリアなど
   献立：飲み物、前菜、スープ、魚介類、肉類、果物など

4. **ショッピング**
   デパート：案内、売場（衣類、化粧品、靴、カメラ、バッグ）など
   専門店：装身具、宝石、美術品、工芸品など
   免税店：酒類、香水、菓子類など

5. **交通機関**
   陸運：鉄道（列車）、自動車（タクシー、バス等）、ホームドアなど
   航空：飛行機、航空会社、飛行場、飛行など
   海運：船舶、船舶会社、船着場、航海など

6. **観光・旅行**
   観光：見物、見学、観光地、観光名所、写真撮影など
   旅行：企画、手配、旅程、申込、予約、料金、運賃など
   案内：運送機関、切符の購入、掲示など

7. **通信・銀行**
   電話：携帯電話、Eメール、インターネット、ファックス、通信文など
   郵便：はがき、切手、郵便物、小包、配達など
   銀行：換金、クレジットカード、トラベラーズチェックなど

8. **娯楽・レジャー**
   観賞：美術館、博物館、演劇、音楽、コンサートなど
   娯楽：カラオケ、ディスコ、ナイトクラブ、カジノなど
   スポーツ：野球、テニス、ゴルフ、水泳、サーフィンなど

9. **病気・医薬**

病院：病棟、施設、医者、患者、診察、医療器具など

病気：内科、外科、婦人科、耳鼻咽喉科、歯科、精神科など

医療：内服薬、薬剤、薬草、処方箋、服用など

10. **観光・旅行情報**

世界の主要都市、空港コードなど

国名、国民、国語、都市、通貨単位など

(**観光関連**)

★ 近年「全国通訳案内士試験」の受験者が「観光英検」を受験する傾向がある。前者は主として「インバウンド」（海外からの外国人が訪日する旅行）を中心とするが、後者は「インバウンド」と「アウトバウンド」（日本から海外に向けての旅行）の両面を目標とする。これは英語関連の検定試験の中で観光英検のみが有する特色である。

観光英検は、海外と国内の「観光」と「旅行」を主たるテーマとし、英語で観光事情・文化事情の「知識・教養」を検定するものとなっている。「設問5」と「設問10」がこれに相当する。特に「設問5」と「設問10」のPart B（国内観光）における「英語」と「知識」については、「全国通訳案内士試験（第1次・第2次）」の出題と類似点がみられる。

【参考】

[**設問 5**] の既出例（海外観光と国内観光に関する問題）

[Part A] 海外観光

1. **世界遺産：宗教施設（教会・寺院・モスク）、景勝地、遺跡と史跡、名所旧跡など**

    【3級】 [1] Vatican City（バチカン市国：ローマにある世界最小の国家）

    [2] Machu Picchu（マチュ・ピチュ：インカ帝国の遺跡）

    [3] The Parthenon（パルテノン神殿の遺跡）

    【2級】 [1] Mont-Saint-Michel（モンサンミシェル：サン・マロ湾上に浮かぶ小島）

    [2] Borobudur（ボロブドゥル：古代寺院の遺跡）

    [3] The State Hermitage Museum（ロシアのエルミタージュ美術館）

2. **自然資源：自然景観、国立公園、州立公園、半島、山岳、渓谷、湖沼など**

    【3級】 [1] Iguazu Falls（ブラジルのイグアスの滝）

    [2] Ha Long Bay（ベトナムのハロン湾）

    [3] Easter Island（イースター島）

    【2級】 [1] The Yellowstone National Park（米国のイエローストーン国立公園）

    [2] The Jungfrau（スイスのユングフラウ山地の最高峰）

    [3] The Lake Baikal（ロシアのバイカル湖）

3. **文化資源：歴史的建造物、教会、聖堂、寺院、宮殿、城郭、庭園など**

    【3級】 [1] The British Museum（ロンドンの大英博物館）

    [2] The Taj Mahal Mausoleum（インドのタージ・マハル霊廟）

                [3] Versailles Palace（フランスのヴェルサイユ宮殿）
        【2級】 [1] The Sistine Chapel（システィーナ礼拝堂）
                [2] The Blue Mosque（ブルーモスク＝スルタンアフメト・モスク）
                [3] The Ajanta Caves（アジャンター石窟群）
 4. **伝統工芸・郷土芸能・衣食住**：郷土料理、工芸品、特産品、美術品、音楽など
        【3級】 [1] Continental breakfast（コンチネンタル朝食）
                [2] Mushrooms（欧州で人気食品のキノコ）
                [3] Manners（作法）
        【2級】 [1] Bone china（ボーンチャイナ：イギリスの磁器）
                [2] Chador（チャドル：イスラム教の女性の衣装）
                [3] Goulash（グーラッシュ：ハンガリー風シチュー）
 5. **年中行事・祭事・風習**：国民の祝日、宗教行事、地域の例祭、慣習、娯楽など
        【3級】 [1] Holidays（祝日）
                [2] Halal（イスラム法での合法食品）
                [3] Doggy bag（持ち帰り袋）
        【2級】 [1] Carnival（謝肉祭）
                [2] Fado（ポルトガル民謡）
                [3] Dress code（服装規定）

[Part B] 国内観光
 1. **世界遺産**：寺社、景勝地、遺跡と史跡、名所旧跡、城跡など
        【3級】 [1] Horyu-ji Temple（法隆寺）
                [2] Himeji Castle（姫路城）
                [3] (Lake) Motosu-ko（本栖湖：世界遺産「富士五湖」）
        【2級】 [1] Byodo-in（平等院）
                [2] Kasuga-Taisha（春日大社）
                [3] Oura Tenshu-do（大浦天主堂［教会］）
 2. **自然資源**：自然景観、国立［国定］公園、半島、山岳、渓谷、温泉、洞窟など
        【3級】 [1] Koya-san Mountain Range（高野山）
                [2] Shima Peninsula（志摩半島）
                [3] Amanohashidate（天橋立）
        【2級】 [1] Jodogahama Beach（浄土ヶ浜）
                [2] Kusatsu-Onsen（草津温泉）
                [3] Akiyoshido (Limestone Cave)（秋芳洞）
 3. **文化資源**：歴史的建造物、神社仏閣、寺院、城郭、庭園など
        【3級】 [1] Senso-ji（浅草寺）
                [2] Kenrokuen（兼六園）
                [3] Adachi Museum of Art（足立美術館）
        【2級】 [1] Risshaku-ji（立石寺）
                [2] Fushimi Turret（伏見櫓）

[3] National Museum of Western Art（国立西洋美術館）

4. **伝統工芸・郷土芸能・衣食住：郷土料理、工芸品、特産品、美術品、音楽など**

【3級】 [1] Bunraku（文楽）

[2] Matcha（抹茶）

[3] Tokonoma（床の間）

【2級】 [1] Noh（能楽）

[2] Arita-yaki（有田焼）

[3] Kaiseki-ryori（懐石料理）

5. **年中行事・祭事・風習：国民の祝日、年中行事、地域の例祭、娯楽など**

【3級】 [1] Aoi Matsuri（葵祭）

[2] O-Bon Event（お盆）

[3] Midori-no-hi（みどりの日）

【2級】 [1] Chichibu-Yo-matsuri（秩父夜祭り）

[2] Tsuno-kakushi（角隠し）

[3] Ukai（鵜飼）

設問 10 の既出例（海外観光と国内観光に関する問題）

[Part A] 海外観光の出題例	[Part B] 国内観光の出題例
【3級】	【3級】
[1] The Islandic Volcano	Matsuyama (Dogo Onsen)
[2] The Great Barrier Reef	Shonan Beach
[3] The Statue of David by Michelangelo	Fuji-Hakone-Shizuoka National Park
【2級】	【2級】
[1] Yosemite National Park	Mt.Fuji
[2] Amsterdam	Okinawa
[3] Tasmania	The Ogasawara Islands

●「1級」における問題（筆記試験・面接試験）の形式と内容

〈1〉筆記試験の形式と内容

◆ 試験時間は 10 分である。

◆ 会場では受験者 1〜2 名が受験する。

◆ 試験内容は「英文和訳」と「和文英訳」で、それぞれ「海外観光」と「国内観光」が出題される。

1. 英文和訳

設問 1 海外観光：《出題例 1》イエローストーン国立公園（世界遺産）

設問 2 国内観光：《出題例 2》厳島神社（世界遺産）

2. 和文英訳

| 設問3 | 海外観光：《出題例3》バンコク（タイ王国の首都）

| 設問4 | 国内観光：《出題例4》中尊寺（世界遺産）

〈2〉面接試験の形式と内容

◆ 試験時間は約10分である。

◆ 受験者（1人）は試験官に「英問英答」と「英語による説明」が出題される。

◆ 面接内容は「海外観光事情」と「国内観光事情」に関する資料である。

1. 指定された資料に関する「英問英答」

各設問には5題の質問が設定されている。

| 設問1 | 英語で書かれた「海外観光事情」に関する資料について試験官から英語で質問される。受験者は資料を見ながら英語で答える。

《出題例1》ハワイ・ビッグアイランド「質問事項」：5題

| 設問2 | 日本語で書かれた「国内観光事情」に関する資料について試験官から英語で質問される。受験者は資料を見ながら英語で答える。

《出題例2》姫路城（世界遺産）「質問事項」：5題

2. 特定の課題（与えらえた題目）に関する「英語による説明」

受験者は試験官から特定の課題に関する設問が与えられ、英語で即答する。受験者が特定の課題について説明し終えると、試験官はその内容に関して質問をすることがある。

| 設問3 | 英語で問われた「海外観光」に関する課題について、受験者は試験官に英語で説明する。

《出題例3》ルーヴル美術館（世界最大の美の殿堂）「質疑応答」：1〜3題

| 設問4 | 英語で問われた「国内観光」に関する課題について、受験者は試験官に英語で説明する。

《出題例4》有馬温泉（日本三古湯）「質疑応答」：1〜3題

1. 最初に筆記試験（試験時間は60分）、引き続きリスニング試験（試験時間は約30分）が行われます。試験監督者の指示に従ってください。
2. 問題冊子は試験監督者から開始の合図があるまで開かないでください。
3. 解答用紙（マークシート）の記入欄に、氏名・生年月日・受験番号等を記入してください。
4. 試験開始の合図後、最初に問題冊子のページを確認してください。もし乱丁や落丁がある場合は、すみやかに申し出てください。
5. 解答は全て、解答用紙の該当するマーク欄を黒鉛筆で塗りつぶしてください。
   - 黒鉛筆またはシャープペンシル以外は使用できません。
   - 解答用紙には解答以外の記入をいっさいしないでください。
6. 辞書・参考書およびそれに類するものの使用はすべて禁止されています。
7. 筆記用具が使用不能になった場合は、係員にすみやかに申し出てください。
8. 問題の内容に関する質問には、一切応じられません。
9. 不正行為があった場合、解答はすべて無効になりますので注意してください。

【筆記試験について】

1. 試験監督者が筆記試験の開始を告げてから、始めてください。
2. 各設問は1から50までの通し番号になっています。
3. 試験開始後の中途退出はできません。（リスニング試験が受けられなくなります。）

【リスニング試験について】

1. 各設問は51から90までの通し番号になっています。
2. リスニング中に問題冊子にメモをとってもかまいませんが、解答用紙に解答を転記する時間はありませんので、注意してください。
3. 放送が終了を告げたら、筆記用具を置いて、係員が解答用紙を回収するまで席を立たないでください。

全国語学ビジネス観光教育協会

1

[Part A] 次の (1) から (5) の下線部分の英語に対応する最も適切な和訳を、a)、b)、c) および d) の中から 1 つずつ選び、マーク欄の該当する記号を黒く塗りつぶしなさい。

(1) What's the <u>purpose</u> of your visit to the United States?

    a) 期間   b) 費用   c) 方法   d) 目的

(2) Please check in at the <u>reception counter</u> over there.

    a) 会計カウンター   b) 登録カウンター   c) レジ   d) フロント

(3) Can I try on this T-shirt in the <u>fitting room</u>?

    a) 更衣室   b) 試着室   c) 脱衣室   d) 化粧室

(4) O-Naruto-kyo Bridge is one of the largest <u>suspension bridges</u> in the Orient.

    a) 架け橋   b) 桟橋   c) 反り橋   d) 吊り橋

(5) Mt.Fuji is truly one of the most beautiful <u>conical</u> volcanoes in the world.

    a) 円錐形の   b) 半円形の   c) 円形の   d) 楕円形の

[Part B] 次の (6) から (10) の下線部分の日本語に対応する最も適切な英訳を、a)、b)、c) および d) の中から 1 つずつ選び、マーク欄の該当する記号を黒く塗りつぶしなさい。

(6) 彼は国際空港での<u>税関検査官</u>です。

He is a custom _____ at the international airport.

a) cooperator   b) inspector   c) protector   d) supporter

(7) 1 人部屋は<u>1 泊</u>いくらになりますか。

How much does a single room cost _____?

a) per day   b) per head   c) per night   d) per person

(8) <u>店内で食べる</u>チーズバーガー 2 つとコーラ 1 つを注文します。

I'd like to order two cheeseburgers and one coke _____, please.

a) for here   b) for nothing   c) to go   d) to take out

(9) バスタ新宿から各地方まで<u>発車する</u>バスの便が多数あります。

Many buses _____ from Busta Shinjuku to each local area.

a) arrive   b) board   c) depart   d) turn

(10) 青函トンネルは津軽<u>海峡</u>の海底を運行しています。

The Seikan Tunnel runs beneath the seabed of the Tsugaru _____.

a) Bay   b) Channel   c) Peninsula   d) Strait

2

[Part A] 次の (11) から (15) までの対話を完成させるために下線部分に入る最も適切な英文を、a)、b)、c) および d) の中から 1 つずつ選び、マーク欄の該当する記号を黒く塗りつぶしなさい。

(11) Passenger: How do I recline the seat?
　　Flight Attendant: ＿＿＿＿＿＿＿＿＿＿＿＿＿＿＿＿＿＿＿＿

　　a) That's right.

　　b) It's just over there.

　　c) It's the call button.

　　d) Just push the button on the right.

(12) Waiter: Would you like some more coffee?
　　Customer: ＿＿＿＿＿＿＿＿＿＿＿＿＿＿＿＿＿＿＿＿＿＿＿

　　a) Here you are.

　　b) No, thank you.

　　c) The breakfast is a buffet.

　　d) Would you like meat or fish?

(13) Station Staff: The train leaves from Platform 3.
　　Tourist: ＿＿＿＿＿＿＿＿＿＿＿＿＿＿＿＿＿＿＿＿＿＿＿＿＿

　　a) I leave home at 5:00 pm.

　　b) What time does it leave?

　　c) Please buy a ticket again.

　　d) I take the JR Yamanote Line.

(14) Tourist: What day is the Edo-Tokyo Museum closed?
Clerk: _____

a) At 6:00 pm.

b) On Mondays.

c) It's not available.

d) Seven days a week.

(15) Tourist: How much is a ticket to Kyoto?
Staff: _____

a) Single or return?

b) It takes about three hours.

c) Platform 5.

d) The next train leaves in ten minutes.

[Part B] 次の (16) から (20) までの会話を完成させるために下線部分に入る最も適切な英文を、a)、b)、c) および d) の中から 1 つずつ選び、マーク欄の該当する記号を黒く塗りつぶしなさい。

(16) Receptionist: I have your name here on my computer for two nights. Could I just ask you to _____? And could I see your credit card, too?

Tourist: Do I have to complete every part?

Receptionist: No, I only need your family and given names, and your phone number.

a) fill in this registration card

b) decide how you will be paying

c) place your luggage on the scale

d) tell me your date of birth

(17) Tourist: Do I need to buy a ticket before I get on the bus?

Bus Center Clerk: No, _____ when you get off. But you'll need exact change. Please get some small bills and coins ready.

Tourist: Oh, OK.

a) please pay your driver

b) admission is included

c) make a reservation

d) show your ID

(18) Tourist: Is it easier to turn left or right here for Tokyo SKYTREE?

Police Officer: It's much easier if you turn left. It's faster if you turn right though.

Tourist: I think I'll go left. _____

a) I'm in a hurry.

b) I don't want to get lost.

c) I need to change some money.

d) I saw the building in a picture.

(19) Tourist: How often _____ between Tokyo and Osaka?

Concierge: Every few minutes.

Tourist: Wow! I thought there would only be like two or three every hour. That's really amazing for high-speed intercity trains.

a) are you able to use public transportation

b) are the shops open on weekends

c) do the buses go to the airport

d) do Shinkansen trains run

(20) Tourist: Can you tell me a little about the sightseeing boat tour in Matsushima Bay?

Clerk: The boat tour _____. The scenery is very pretty and the tour is very relaxing. Tours leave every 30 minutes, starting at 9:00 am.

Tourist: Great. I don't have much time, and seeing the scenery while relaxing sounds perfect.

a) is very exciting

b) takes only one hour

c) is only offered at night

d) takes a full day

3

次の文章を完成させるために、a)、b)、c) および d) を並べ換え、下線部分にある (21) から (25) に入る最も適切なものを選び、マーク欄に該当する記号を黒く塗りつぶしなさい。

Traveling can be expensive. You have ___(21)___ _____ _____ _____ to your destination. Airfare and train fares are expensive in almost every country. And then there is your accommodation. Everyone knows how expensive hotels can be. Of course, you can reduce your costs by ___(22)___ _____ _____ _____ like bed and breakfasts, or youth hostels. But in addition to accommodation and airfare, tourists must also pay for meals and activities when they reach their destination.

One good way to save money is to plan a trip to a city that has many things you can do for free. In some cities, _____ ___(23)___ _____ _____. For example, in London, the British Museum and the Natural History Museum don't have any admission charge at all. In total, there are more than 20 major museums that are free to enter and explore.

And it is not only museums that are free. Most cities have parks or squares where you can sit and watch people. Sometimes, free concerts or theater performances are available. You should always research _____ _____ _____ ___(24)___ you go. In Washington, the National Theatre offers two free children's performances every Saturday at morning 9:30 and 11:00. The performance is free, but you need to get a ticket. You can get tickets by lining up at the ___(25)___ _____ _____ _____ 30 minutes before the show starts.

(21) a) pay   b) to   c) transportation   d) for

(22) a) staying   b) cheaper   c) accommodations   d) in

(23) a) free   b) are   c) museums   d) many

(24) a) Internet   b) the   c) before   d) on

(25) a) office   b) least   c) at   d) ticket

4

[Part A] 次の資料を読み、(26) から (30) の問いに対する最も適切な答えを a)、b)、c) および d) の中から 1 つずつ選び、マーク欄の該当する記号を黒く塗りつぶしなさい。

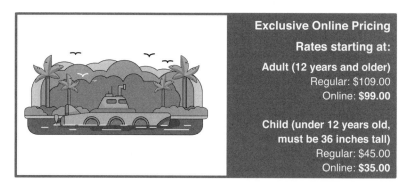

	Exclusive Online Pricing
	Rates starting at:
	Adult (12 years and older)
	Regular: $109.00
	Online: **$99.00**
	Child (under 12 years old, must be 36 inches tall)
	Regular: $45.00
	Online: **$35.00**

The Submarine Tour takes place in the Atlantis 48-passenger submarine and has been featured on National Geographic TV specials.

Climb aboard one of our Atlantis 48-passenger submarines. Being in a submarine and descending to 100 feet underwater is an adventure in itself. You will also get to see real marine 　①　 up close. The Atlantis Waikiki dive site is home to many Hawaiian fishes, coral, and turtles. Known for its quality and safety, Atlantis is an eye-opening experience. Atlantis has a spacious air-conditioned interior, large view ports and 　②　 seating. If you haven't been to the bottom of the ocean before, this tour is a "must do!"

Reservations for this tour are highly recommended.

Additional Information

- Guests must check-in at the Hilton pier. Check-in required 30 minutes before the scheduled submarine tour time.
- Audio headset narrations available in English, Japanese, Chinese and Korean.
- Complimentary Atlantis shuttle transportation from select Waikiki locations available.
- Food and beverages will not be provided on this tour.
- Quoted prices are subject to 4.712% Excise Tax and 3.000% Harbor Tax.

(26) Choose the most appropriate word for 　①　.

    a) life　　　　　b) sports　　　　c) products　　　d) facilities

(27) Choose the most appropriate word for 　②　.

    a) reasonable　　b) natural　　　c) comfortable　d) traditional

(28) What is the capacity of Atlantis submarine?

    a) 100　　　　　b) 48　　　　　c) 30　　　　　d) 4.712

(29) Which is TRUE about the Atlantis submarine tour?

    a) Reservations are necessary.

    b) Tour guide in Japanese is available.

    c) Transportation from hotels in Waikiki is available with an additional charge.

    d) Guests should check in 30 minutes before the departure time.

(30) Which is FALSE about the Atlantis submarine tour.

    a) アトランティスはテレビで紹介されたことがある。

    b) ツアー代金には食事と飲み物は含まれていない。

    c) インターネットで予約すると割引が受けられる。

    d) 12歳以下の子供には子供料金が適用される。

[Part B] 次の資料を読み、(31) から (35) の問いに対する最も適切な答えを a)、b)、c) および d) の中から 1 つずつ選び、マーク欄の該当する記号を黒く塗りつぶしなさい。

EDO-TOKYO MUSEUM

Introduction

The Edo-Tokyo Museum was founded on March 28, 1993, as the place where visitors come to learn more about Tokyo's history and culture. The museum has the Permanent Exhibition area, special exhibitions and lectures are regularly held, and there are also the Audio-Visual Hall, the Audio Visual Library, and other ⬚ ① ⬚ that make it a museum where visitors can learn while having fun at the same time.

Hours

★ Opening Hours: 9:30 a.m.–5:30 p.m. (Saturday until 7:30 p.m.)
Entry is permitted until 30 minutes before closing

★ Day Closed: Monday
When a national holiday or its substitute day off falls on Monday, the museum is OPEN, and is closed on the following day. While a Grand Sumo Tournament is held in Tokyo, the museum is OPEN.

Admission Fee

★ Admission Fee for Permanent Exhibition

	one person	Groups (20 people or more)
Adults	600 yen	480 yen
Students (Junior high school & High school)	300 yen	240 yen
Students (College & Vocational school)	480 yen	380 yen
Over 65 years old	300 yen	240 yen

※ Special exhibitions require additional fees.

★ Free or discounted prices for Permanent Exhibition

• Children before entering schools and elementary schoolchildren.
• People who are disabled or under welfare assistance (please show your

②   ), and their attendants.
- Children of up to the 9th grade who reside or go to school in Tokyo.
- Adults accompanied by children under 18 years old are admitted for half price on the third weekend of every month (Tokyo residents only).

p.26 画像提供：江戸東京博物館

(31) Choose the most appropriate word for   ①   .

    a) commissions   b) facilities

    c) transportations   d) accommodations

(32) Choose the most appropriate word for   ②   .

    a) document b) identification c) permission d) immigration

(33) The Edo-Tokyo museum _____ .

    a) was founded when Edo was renamed Tokyo

    b) has only a permanent exhibition

    c) offers the chance to learn about Tokyo's past, present and future

    d) was founded for visitors from abroad to learn about Tokyo's history

(34) Which is TRUE about the museum information?

    a) On Mondays and national holidays, the museum is closed.

    b) When a Grand Sumo Tournament is held, the museum is closed.

    c) On Saturdays, the museum is open longer.

    d) A party of 20 people gets a 50 % discount on admission.

(35) Which is FALSE about the tourist information?

    a) 小学生と小学校就学前の子供は無料で入館できる。

    b) 東京在住または東京の学校に通学する中学生は無料で入館できる。

    c) 18 歳以上の人は、毎月第 3 週の土曜・日曜日は半額で入館できる。

    d) 身体障害者とその付添いは無料で入館できる。

[Part C] 次の資料を読み、(36) から (40) の問いに対する最も適切な答えを a)、b)、c) および d) の中から 1 つずつ選び、マーク欄の該当する記号を黒く塗りつぶしなさい。

Tour Agent: Hello, May I help you?

Tourist: Yes, I'm here on business but I'd like to do some sightseeing on the weekend. What can you ___(36)___ ?

Tour Agent: Are you ___(37)___ in sightseeing in the city, something near the city or something with an overnight stay?

Tourist: Good question. I think I'd like to get out of the city.

Tour Agent: Certainly. I can ___(36)___ a couple of tours for you. We have an overnight tour to Matsumoto. It's ___(38)___ for its castle, good food and mountain scenery. We also have a tour that takes you to Kawagoe City, known as a historic "Edo town," by bus. On the tour you will stop at Chichibu City, where you can visit Mitsumine-jinja Shrine. You'll be able to see the beautiful Lake Chichibu. Then you'll ___(39)___ by train. Both options are about 40,000 yen.

Tourist: I think I'd like to see a castle. I'd like to make a ___(40)___ for the Matsumoto tour, please.

(36) Choose the most appropriate word or phrase for _____(36)_____.

a) show   b) look at   c) watch   d) recommend

(37) Choose the most appropriate word for _____(37)_____.

a) pleased   b) attracted   c) interested   d) delighted

(38) Choose the most appropriate word for _____(38)_____.

a) old   b) historic   c) rich   d) famous

(39) Choose the most appropriate word for _____(39)_____.

a) start   b) move   c) return   d) go

(40) Choose the most appropriate word for _____(40)_____.

a) reservation   b) reception   c) completion   d) request

5

[Part A]　次の (41) から (45) までの英文を読み、下線部分に入る最も適切な答えを a)、b)、c) および d) の中から 1 つずつ選び、マーク欄の該当する記号を黒く塗りつぶしなさい。

(41) _____ is the location of Saint Peter's Basilica, one of the largest churches in the world. The basilica was called St Peter's after one of Jesus Christ's twelve disciples known as Saint Peter, who became one of the founders of the Catholic Church. His remains are now buried where the basilica stands.

    a) Colosseum　　　　　　　　b) Pantheon

    c) City of San Marino　　　　　d) Vatican City

(42) _____ are located on the border between Brazil and Argentina. Together they are known as the "Devil's Windpipe". There are about 270 small falls totaling almost 4km in length. Visitors can enjoy from both sides of the falls, from Brazil and Argentina.

    a) Angel Falls　　　　　　　　b) Iguazu Falls

    c) Niagara Falls　　　　　　　d) Victoria Falls

(43) The _____ Museum is a huge building of Greek style on Russell Street in London. It is one of the greatest museums in the world. It houses many treasures from Egypt including the famous Rosetta Stone. There is also a Japanese gallery displaying a fine set of Japanese samurai armour and accessories dating from the 1700s.

    a) British　　b) Louvre　　　c) Metropolitan　　　d) Hermitage

(44) ＿＿＿＿＿＿ is a lighter breakfast in a hotel, restaurant, etc, that usually consists of coffee and bread rolls with butter and jam. It is often eaten in the European countries. A Japanese breakfast typically includes steamed rice, miso soup, cooked fish, pickled vegetables, boiled eggs and Japanese tea.

a) An American breakfast   b) An English breakfast

c) A continental breakfast   d) Breakfast special

(45) When planning your trip to a foreign country, it is important to think about public and/or religious ＿＿＿＿＿＿. These are times when shops and attractions may be closed. Any guidebook will list these days but you can also find them with an Internet search.

a) ceremonies   b) fireworks   c) holidays   d) services

[Part B] 次の (46) から (50) までの英文を読み、下線部分に入る最も適切な答えを a)、b)、c) および d) の中から 1 つずつ選び、マーク欄の該当する記号を黒く塗りつぶしなさい。

(46) ＿＿＿＿＿＿ Temple was founded in 607 by Prince Shotoku as a center of Buddhism in Japan. This is one of the oldest wooden structures in the world. In the grounds there are the Five-Story Pagoda, and Kondo, the Main Hall, which houses many important images of Buddha and sculptures. There is also the famous Yume-dono, Hall of Dreams,which is the oldest octagonal building in Japan.

a) Horyu-ji   b) Todai-ji

c) Toshodai-ji   d) Yakushi-ji

(47) ＿＿＿＿＿＿ is the general name of the Buddhist complex of the Shingon sect of Buddhism, which was founded in 816 by Kobo Daishi. ＿＿＿＿＿＿ has two main parts: One is the western part which includes many temple buildings and a treasure house. The other is the eastern part which contains a cemetery with many tombs of historic figures and the mausoleum of Kobo Daishi.

a) Hiei-zan   b) Koya-san

c) Maya-san   d) Osore-zan

(48) ＿＿＿＿＿＿ was founded in the 7th century to enshrine the image of Kannon, goddess of mercy, that was believed to have been caught by fishing net from the river Sumida(gawa). Asakusa Shrine next to the temple is dedicated to two brothers who found the Kannon Image in the river in 628, and to a rich landlord who enshrined it.

a) Kanei-ji Temple   b) Senso-ji Temple

c) Shibamata Taishakuten Temple   d) Zojo-ji Temple

(49) _____ is the Japanese classical puppet show created through the narrative reciting of the *tayu* narrator and *shamisen* accompaniment. Its feature is the harmony of three acts including large costumed puppets which are manipulated by puppeteers on stage, three puppeteers who manipulate dolls on stage, and a narrator who speaks all the lines to the accompaniment of the *shamisen* player.

a) Bunraku

b) Gagaku

c) Kyogen

d) Noh

(50) The _____ is the Hollyhock Festival, one of the three biggest Kyoto Festivals, which is held on May 15 at both Shimo-gamo and Kami-gamo shrines. It originated in the 6th century, when fine weather followed a time of heavy rain, after prayers were offered to the god enshrined at both shrines.

a) Aoi Festival

b) Gion Festival

c) Jidai Festival

d) Tenjin Festival

6

次の写真に関する説明文を聴いて、それぞれの状況を最も的確に表しているもの
を a)、b)、c) および d) の中から1つずつ選び、マーク欄の該当する記号を黒く
塗りつぶしなさい。問題はすべて2回放送されます。

02 (51)

03 (52)

(53)

(54)

(55)

第1回試験

7

次のイラストに関する説明文を聴いて、その内容を最も的確に表しているものを a)、b)、c) および d) の中から 1 つずつ選び、マーク欄の該当する記号を黒く塗りつぶしなさい。問題はすべて 2 回放送されます。

07 (56)

Visit the Opera House

Guided Tours & Mini Concert

Daily at 2, 3 & 4 pm

08 (57)

Distance (miles)				
Atlanta				
1037	**Boston**			
678	960	**Chicago**		
2140	2960	2011	**Los Angels**	
2470	3080	2131	383	**San Francisco**

(58)

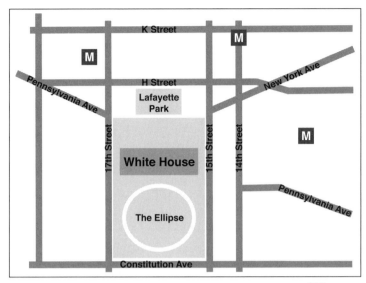

M metro

(59)

Tokyo Metro 24-hour Ticket

A ticket allows unlimited rides on Tokyo Metro for 24 hours from first use.
Tickets can be bought in advance or on the day.

Price: Adult 600 yen, Child 300 yen

Valid Period:

- **Advance Ticket**
  Valid for 24 hours after first use within 6 months of purchase.

- **Same-day Ticket**
  Valid for 24 hours after first use on the day of purchase.

(60)

8

次の問いかけを聴いて、それに対する最も適切な応答を、a)、b)、c) および d) の中から 1 つずつ選び、マーク欄の該当する記号を黒く塗りつぶしなさい。問題はすべて 2 回放送されます。

🔊 12　(61)　a) By train or limousine bus.

b) It takes two hours.

c) As much as you want.

d) My pleasure.

(62)　a) I'm glad to see you.

b) I'm being helped, thank you.

c) Thanks. I enjoyed it, too.

d) It's my birthday.

(63)　a) He's a great chef.

b) Let's go to a fancy restaurant.

c) I had some fish and chips.

d) I beat some eggs.

(64)　a) I'll remember to leave a tip.

b) Yes, it was very good.

c) Nothing else matters.

d) No, we haven't eaten.

(65)　a) I'm not interested.

b) To Roppongi Hills, please.

c) I'm returning from holiday.

d) The show begins at 7:00 pm.

(66) a) Let's call for room service.

　　b) Only for guests over 18.

　　c) Our hotel has a kids club.

　　d) Security is very important.

(67) a) Unfortunately, no.

　　b) This hotel is cleaned every day.

　　c) The room service menu is on the desk.

　　d) I'll call the hotel doctor.

(68) a) Only on the weekend.

　　b) With your credit card.

　　c) The bus stop is over there.

　　d) If you have two bags.

(69) a) They will arrive soon.

　　b) It starts at 7:00.

　　c) It's cheaper on weekends.

　　d) At the tourist information center.

(70) a) Please come back again.

　　b) We're open until 8:00 pm.

　　c) Monday is a holiday.

　　d) We don't have your size, I'm sorry.

9

次の会話を聴いて、それぞれの内容に関する質問の答えとして最も適切なものを
a)、b)、c) および d) の中から 1 つずつ選び、マーク欄の該当する記号を黒く塗
りつぶしなさい。問題はすべて 2 回放送されます。

■) 13　(71) a) Buying a souvenir.
　　　　　 b) Going to meet his sister.
　　　　　 c) Picking up his bag.
　　　　　 d) Trying on some clothes.

■) 14　(72) a) Her bill.
　　　　　 b) Her flight.
　　　　　 c) The reservation.
　　　　　 d) The check-out time.

■) 15　(73) a) There's no one at the front desk.
　　　　　 b) The weather is too warm.
　　　　　 c) He wants to change rooms.
　　　　　 d) He might be sick.

■) 16　(74) a) Next to the banquet room on the 2nd floor.
　　　　　 b) Next to the restaurants on the 3rd floor.
　　　　　 c) Beside the escalators on the 2nd floor.
　　　　　 d) Beside the escalators on the 3rd floor.

■) 17　(75) a) A police officer.
　　　　　 b) An immigration officer.
　　　　　 c) A customs inspector.
　　　　　 d) A security inspector.

(76) a) The air conditioner is broken.

   b) The remote control is missing.

   c) The room is too cold.

   d) The phone isn't working.

(77) a) To bring their bags.

   b) To move quickly up the steps.

   c) To be careful of falling.

   d) To give their suitcases to the staff.

(78) a) A hotel porter.

   b) Her husband's friend.

   c) An airport check-in clerk.

   d) A customs inspector.

(79) a) Something traditional.

   b) Something natural.

   c) Something exciting.

   d) Something reasonable.

(80) a) Buying a coffee.

   b) Ordering a meal.

   c) Shopping for clothes.

   d) Getting a massage.

10

次の **[Part A]** と **[Part B]** を聴いて、それぞれ英会話の内容に関する質問の答え
として最も適切なものを a)、b)、c) および d) の中から 1 つずつ選び、マーク欄
の該当する記号を黒く塗りつぶしなさい。問題はすべて 2 回放送されます。

◆) 23 **【Part A】**

(81) a) It was low season.

　　 b) It was overbooked.

　　 c) It was not popular this year.

　　 d) It was delayed because of the volcano.

(82) a) In 1821.

　　 b) In March.

　　 c) In June.

　　 d) For two years.

(83) a) In Japan.

　　 b) In Europe.

　　 c) All around the world.

　　 d) Nowhere.

(84) a) Visit the volcano.

　　 b) Be careful for volcanic activity.

　　 c) Tell everyone about Iceland's beauty and safety.

　　 d) Don't be late for the tour.

(85) a) It's hot in the summer.

　　 b) There are no volcanoes in Japan.

　　 c) There are volcanoes in Japan.

　　 d) The volcanoes are quiet in Japan.

[Part B]

(86) a) In Matsuyama.

　　 b) Several hours by train from Matsuyama.

　　 c) On the train.

　　 d) At a hot spring in Aomori.

(87) a) No, she doesn't like hot springs.

　　 b) She prefers swimming.

　　 c) Yes, she's very excited.

　　 d) No, she wants to see the castle.

(88) a) Yes, it is.

　　 b) It's half-price for a second person.

　　 c) No, there is an additional fee.

　　 d) Dinner is included in the price.

(89) a) He has been there before.

　　 b) He read about it in the guidebook.

　　 c) He read about it online.

　　 d) The tour guide told them about it.

(90) a) Visit a spa.

　　 b) Visit the castle.

　　 c) Have something to eat.

　　 d) Pack their bags.

解答と解説 　第 1 回試験

筆記試験

1 観光用語の問題

【Part A】

（1）**正解** **d）**「アメリカ訪問の**目的**は何ですか」

解説 **purpose** 图「目的」。海外に入国する場合、入国審査（immigration）において最初に質問される項目の 1 つ「来訪の目的」に関する決まり文句である。▶ 1. What is your *purpose* in visiting (the United States)?　2. For what *purpose* are you visiting (the United States)?　3. For what *purpose* did you come to (the United States)?　4. Why are you visiting (the United States)? など、係員によっていろいろな表現がある。

参考 a）「期間」term（契約などの一定の期間）; period（不特定の期間）
b）「費用」expenses（出費）; cost（実際に支払われた代価）
c）「方法」way, method（仕方）; system, plan（方策）; means（手段）

（2）**正解** **d）**「向こうにある**フロント**でチェックインしてください」

解説 **reception counter**「（ホテル）受付」。米国では **RECEPTION** の用語が多い。フロント（front）は和製英語である。どうしても使用する場合は the front desk と言う。Wait at the front. は「正面玄関で待ってください」と解釈されることがある。▶ Please inform the *reception counter* of your check-out time.「チェックアウト時間をフロントにお知らせください」

参考 a）「会計カウンター」an accounting counter
b）「登録カウンター」a registration counter
c）「レジ（カウンター）」a register [checkout] counter

（3）**正解** **b）**「**試着室**で T シャツを試しに着てもよろしいでしょうか」

解説 **fitting room**「（衣服の）試着室」。fit は「（衣服などが人に）ぴったり合う」、become [suit] は「（色・柄などが）ぴったり合う」という意味である。▶ Go ahead and try it on, please. The *fitting room* is over there. 「はい、どうぞ、試着なさってください。試着室は向こうです」

> **参考** a)「更衣室」a dressing [changing] room
> c)「脱衣室」a dressing [locker] room
> d)「化粧室」a powder room; a bathroom;《英》a toilet (room);《米》a restroom

(4) **正解** **d)** 「大鳴門橋は東洋最大の**吊り橋**の1つです」

> **解説** suspension bridge 「吊り橋」 ▶ The pedestrian *suspension bridge* called Kuju-Yume Otsuribashi is a supernal promenade with panoramic views in Oita Prefecture. 「九重 " 夢 " 大吊橋という歩行者専用の吊り橋は大分県にある景観が楽しめるプロムナード（遊歩道）である」☆「吊り橋をかける」は、build a suspension bridge (over a river); suspend a bridge (over a gorge) と言う。

> **参考** a)「架け橋」a linking bridge
> b)「桟橋」a pier; a wharf
> c)「反り橋」an arch(ed) bridge

(5) **正解** **a)** 「富士山はまぎれもなく世界の中でも最も美しい**円錐形**火山の1つです」

> **解説** conical (volcano) 「円錐形の（火山）」 ▶ Mt. Kinkei-zan, a small *conical* mountain with an altitude of 98.6 meters, is located in the middle way between Chuson-ji and Motsu-ji temples. 「小さな円錐形の金鶏山（標高 98.6m）は中尊寺と毛越寺のほぼ中道に位置する（2011 年ユネスコ世界遺産に登録）」 ☞ **Column 01** 火山の種類 (p.47)

> **参考** b)「半円形の（アーチ）」a semicircular (arch)
> c)「円形の（鏡）」a round (mirror)
> d)「楕円形の（テーブル）」an oval [oblong] (table)

【Part B】

(6) **正解** **b)** He is a custom **inspector** at the international airport.

> **解説** (custom) inspector 「（税関）検査官」。customs officer、customs official とも言う。▶ Please give this customs declaration form to the *customs inspector* at the exit. 「この税関申告書は出口の税関係員に渡してください」☆ immigration inspector [officer] 「出入国審査官」 ▶ You only have to present the *immigration inspector* with your passport, embarkation card and boarding pass. 「出国管理官に旅券と出国カードそれに航空券を提

示すればよいのです」

参考 a) cooperator「協力者」
　　　 c) protector「保護者」
　　　 d) supporter「支援者」

(7)　**正解** **c)**　How much does a single room cost **per night**?

解説 **per night**「1 泊」。per 前「…につき」(= a ...)。per は主として専門用語・商業英語の中で「単位」を表す時に用いる。日常会話の中で「単位」を表す時には a [an] を用いる場合が多い。▶ ninety dollars *per night*「1 泊 90 ドル」(= 90 dollars a night)

参考 a) per day「1 日につき」(= a day)
　　　 b) per head「1 人当たり」(= per man)
　　　 d) per person「1 人につき、1 人前」(= per head; a person)

(8)　**正解** **a)**　I'd like to order two cheeseburgers and one coke **for here**, please.

解説 **for here**「店内で」▶ Is that *for here* or to go?「店内でお召し上がりますか、お持ち帰りですか」☆ take out「持ち帰る」。ファーストフード店などで注文した飲食物を買って持ち帰ることで to go とも言い、英国では take away を用いる。実際の場面では、For here or to go? との表現がよく聞かれる。

参考 b) for nothing「無料で」
　　　 c) to go「持ち帰り用の」
　　　 d) to take out「持ち帰る」(= take away)

(9)　**正解** **c)**　Many buses **depart** from Busta Shinjuku to each local area.

解説 **depart**「発車する」。(人・乗り物が) 出発する (= leave, start) ⇔ 到着する (= arrive, reach)。depart は同じ意味の start「出発する」また leave「立ち去る」よりは形式的な表現である。☆ Shinjuku Expressway Bus Terminal「新宿高速バスターミナル」

参考 a) arrive「到着する」　b) board「搭乗する」　d) turn「向きを変える」

(10)　**正解** **d)**　The Seikan Tunnel runs beneath the seabed of the Tsugaru **Strait**.

解説 **Strait(s)**「海峡」(通常は複数形で用いる) ▶ The *strait* of Kanmon (Between Honshu and Kyushu)「関門海峡」(= the Kanmon Straits)。海外では channel (strait より広い) という単語も見受ける。▶ The English *Channel*「イギリス海峡」

参考 a) Bay「湾」
  b) Channel「水路、海峡」
  c) Peninsula「半島」

Column 01　火山の種類

① 円錐形火山（えんすいけいかざん）

a conical [cone-shaped] volcano a stratovolcano　別称：コニーデ型火山、成層火山

▶ Mt. Fuji is truly one of the most beautiful conical volcanoes in the world.

「富士山は、まぎれもなく世界の中でも最も美しい円錐形火山の１つである」

② 活火山（かっかざん）

an active [acting] volcano; a live volcano

▶ Sakurajima is the active volcanic island located in Kagoshima Bay.

「桜島は鹿児島湾内の活火山島である」

③ 休火山（きゅうかざん）

a dormant volcano; an inactive volcano; a silent [quiescent] volcano

▶ Mt. Hakkoda(san) comprises eight dormant volcanoes with a series of peaks rising to the south of Aomori City.

「八甲田山は青森市の南部に一連の頂がそびえる８つの休火山から成る」

④ 死火山（しかざん）

an extinct volcano; a dead volcano; a quiescent volcano

有史以来活動の記録がない火山のこと。現在では休火山とともに学術的には廃用である。「活火山ではない」と表現されることがある。

▶ Mt. Aso(san) is a series of five volcanic peaks, all of which are now extinct volcanoes, except that Mt. Naka(dake) is still active.

「阿蘇山は５つの火山峰が連なっており、現在も活火山である中岳を除きすべて活火山ではない」

⑤ 海底火山（かいていかざん）

a submarine volcano; an undersea volcano; a sea-floor volcano

▶ Nishi-no-shima, uninhabited islet in the Ogasawara Islands, is a volcanic island formed by the volcanic activity of the undersea volcano.

「西之島は小笠原諸島の無人島で、海底火山の活動により生じた火山島である」

『和英：日本の文化・観光・歴史辞典［改訂版］』（山口百々男著、三修社）より

【Part A】

(11) **正解** **d)** 乗客：座席はどのように倒しますか。

　　　　　　客室乗務員：**右側のボタンを押してください。**

解説 **機内** 乗客は座席の倒し方を尋ねている。客室乗務員は座席と関連するボタンとその使用法を伝える。a) や b) のボタンの位置、また c) ボタンの種類ではない。したがって d) が正解。

参考 a)「それは右側です」

　　　 b)「それはちょうど向こう側にあります」

　　　 c)「それは呼び出しボタンです」

　　　 ☆ recline (the seat)「(座席を) 倒す」　flight attendant「客室乗務員」(= cabin attendant)

---

(12) **正解** **b)** 給仕：もう少しコーヒーはいかがですか。

　　　　　　顧客：**いいえ、結構です。**

解説 **レストラン／カフェ** 給仕は顧客に対してコーヒーのお代わりを希望するかどうかを尋ねている。顧客はその返答として Yes あるいは No の返答が求められる。該当するのは選択肢を見ると No, thank you. の 1 つのみである。したがって b) が正解。

参考 a)「はい、どうぞ」

　　　 c)「朝食はビュッフェです」

　　　 d)「お肉それともお魚を召し上がりますか」

---

(13) **正解** **b)** 駅員：電車は 3 番線から出発します。

　　　　　　旅行者：**何時に出発しますか。**

解説 **プラットホーム** 駅員が旅行者に電車の出発地は 3 番線だと知らせている。leave (出発する) と関連する内容を選択肢から探すと、電車の出発時間を聞く What time does it leave? が最適である。したがって b) が正解。

参考 a)「午後 5 時に家を出ます」

　　　 c)「再度チケットを買ってください」

　　　 d)「JR 山手線を利用します」

　　　 ☆ take the (Yamanote) Line「(山手) 線を利用する」

---

(14) 正解 **b)**　観光客：江戸東京博物館は何曜日に休館しますか。

　　　　　　職員：**月曜日です。**

解説 **観光**　観光客は博物館の休館日を尋ねている。職員は休館日に関する曜日の情報を知らせる必要がある。したがって b) が正解。

参考 a)「午後 6 時です」

　　　 c)「利用できません」

　　　 d)「週 7 日です」

　　　 ☆ available「利用［使用］する」

---

(15) 正解 **a)**　旅行者：京都までの切符はいくらですか。

　　　　　　職員：**片道それとも往復ですか。**

解説 **切符販売所**　旅行者は京都行きの切符の値段を尋ねている。どこから京都までかは不明だが、仮に東京から京都だとすれば長距離である。片道か往復か、座席の種類で値段がかわるので、職員が旅行者に確認する事項として推測できるのは切符に関する「種類」である。したがって a) が正解。

参考 b)「3 時間かかります」

　　　 c)「5 番線です」

　　　 d)「次の列車は 10 分以内に出発します」

【Part B】

(16) 正解 **a)**　受付：コンピューターには 2 泊するとしてお客様の名前がございます。**宿泊カードに記入して**いただけますか。またクレジットカードを拝見できますか。

　　　　　　旅行者：どの部分もすべて完成させる必要がありますか。

　　　　　　受付：いいえ、お名前、電話番号だけで結構です。

解説 **ホテルのフロント**　洋の東西を問わず、どのホテルでも同じであるが、まずは宿泊者がチェックインする時に求められるのは「宿泊カード」に記入することである。受付係員は最後に名前と電話を記入することを要請している。したがって a) が正解。

参考 b)「支払い方法を決める」

　　　 c)「手荷物をはかりに載せる」

　　　 d)「生年月日を告げる」

☆ complete「完成させる（すべて記入する）」 fill in [out] (the form)「（用紙）に記入する」 registration (card)「宿泊（カード）」 decide「決める」 scale「はかり」

---

(17) 正解 **a)** 旅行者：バスに乗車する前にチケットを買わなくてはいけませんか。

バスセンター職員：いいえ。下車する時に**運転手に支払ってください**。でも釣り銭のいらないようにしてください。お札とコインを少し用意しておいてください。

旅行者：はい、了解です。

解説 バスターミナル　旅行者は切符をバス乗車前に買う必要があるかどうかを尋ねている。職員は No と返答している。ということは支払うのは下車する（get off）時である。しかも支払う時の留意事項を伝えている。したがって a) が正解。

参考 b)「入場券は含まれている」

c)「予約をする」

d)「身分証明書を見せる」

☆ get on (the bus)「（バスに）乗る」　get off (the bus)「（バスから）降りる」　exact change「お釣りのないこと、ぴったりの金額」　admission「入場（券）」

---

(18) 正解 **b)** 旅行者：東京スカイツリーに行くには、ここから左側あるいは右側のどちらに向かうほうが簡単ですか。

警官：左側に行けばもっと行きやすいです。でも右側に行くほうが**速い**です。

旅行者：左側に行くようにします。**迷子になりたくないのです。**

解説 路上　旅行者は東京スカイツリーに行く場合、左右いずれに行くべきかと警官に尋ねている。警官は、左右いずれの道にも行けるが、左側のほうが行きやすいと返答している。旅行者は指示通り左側の方向を選んだ。その理由が述べられている。したがって b) が正解。

参考 a)「私は急いでいます」

c)「少し換金しなくてはいけません」

d)「写真にある建物を見ました」

☆ turn left [right]「左折［右折］する」　(be) in a hurry「急いでいる」

---

(19) 正解 **d)** 旅客：東京と大阪間をどれくらいの頻度で**新幹線は運行されていますか。**

コンシェルジュ：数分おきです。

旅客：うわー！１時間に２、３本ぐらいかと思っていました。高速都市間列車としては本当に驚くべきことです。

解説 **駅舎** 関東と関西の都市間を運行する乗り物に関する会話である。旅客は文頭から How often ... ？（頻度）と質問している。コンシェルジュは「数分おきだ」と返答している。最後に旅客は、その乗り物は high-speed intercity <u>train</u> だと述べている。したがって d) が正解。

参考 a)「公共交通機関を利用できますか」

b)「店舗は週末に開店していますか」

c)「バスは空港まで行きますか」

☆ every few [ten] minutes「数分 [10 分] おきに」 amazing「驚くべき」 intercity (train)「都市間（列車）」 (public) transportation「（公共）交通機関」

---

(20) **正解** **b)** 旅行者：松島湾の遊覧船観光について少しお聞きしてもよろしいでしょうか。

係員：遊覧船観光の**所要時間は1時間のみ**です。景色は綺麗ですし、観光はゆったりしています。ツアーは30分おきに出発し、9時には開始されます。

旅行者：いいですね。時間はあまりないし、気楽に景色を堪能できるのは最高です。

解説 **観光案内所** 旅行者は日本三景の1つである松島湾の遊覧船観光に関して尋ねている。係員は、ツアーの出発時間（30分）や開始時間（9時）に関して説明している。その他の観光船に関する時間の選択肢を見ると、b) と d) が考えられるが、旅行者は「時間があまりない」と言っているので、「所要時間は1時間である」と告げるのが最適である。したがって b) が正解。

参考 a)「とてもわくわくさせます」

c)「夜に提供されます」

d)「終日かかります」

☆ (Matsushima) Bay「（松島）湾」 scenery「景色」 sound perfect「完璧である」 exciting「はらはらするような」 full day「終日」

(21) **正解** **b)** You have **to pay for transportation** to your destination.
「目的地への**運賃を支払う必要がある**」

解説 pay for (one's room)「（部屋代を）支払う」という動詞句の熟語を理解すること。transportation「運賃、輸送料」は pay for と関連し、for の後に置く。残る to は文頭にある have to と結び付き must [should]「～必要がある、～しなければならない」と同義になる。「主語 +have to+ 動詞の原形」▶ You have to study English everyday.

(22) **正解** **a)** Of course, you can reduce your costs by **staying in cheaper accommodations** like bed and breakfasts, or youth hostels.
「言うまでもないことだが、朝食付民宿［B&B］あるいはユースホステルといったような**安価な宿泊施設に滞在すること**によってコストを削減することもできる」

解説 選択肢の中の単語ですぐに結び付けられるのは「形容詞＋名詞」cheaper accommodations「値段がもっと安い宿泊施設」である。その動詞は stay in「～に滞在する」である。動名詞 staying になっているので 前 by の後に置く。

(23) **正解** **c)** In some cities, **many museums** are free.
「ある都市では**多くの博物館は無料である**」

解説 「主語（museums）＋動詞（are）＋補語（free）」といった典型的な基本文型である。残る 形 many は 名 museums「博物館」を修飾する。

(24) **正解** **c)** You should always research **on the Internet before** you go.
「出かける**前にインターネットで**いつも検索すべきである」

解説 research「調査する、検索する」（= examine）は on、in、into を伴う。▶ research on [into] a problem「問題を調査する」。ここでは Internet があり、副詞句の (research) on the Internet とする。残るは接続詞の before (S+V) であり、文尾の you go の前に置く。

(25) **正解** **d)** You can get tickets by lining up at the **ticket office at least** 30 minutes before the show starts.
「ショーが開始される**少なくとも**30分前に**チケット売り場**で並んでチケットを買うことができる」

解説 文章は You can get tickets ...「チケットが入手できる」という表現で始まっている。チケットはどこで発券するかである。選択肢から ticket office（チケット売り場）を見つけることができる。空欄前の場所や位置を表す 前 at「…で、…において」と結び付き、at the ticket office となる。文中に 30 minutes がある。残る語句は熟語の at least「少なくとも」となり、at least 30 minutes「少なくとも 30 分」が成立する。

英語基本 5 文型

【1】第 1 文型：S＋V
    They work (hard in a library).

【2】第 2 文型：S＋V＋C
    She is (our English) teacher.

【3】第 3 文型：S＋V＋O
    They study English (hard at school).

【4】第 4 文型：S＋V＋O（人）＋O（物）
    She teaches us English. = She teaches English for us.

【5】第 5 文型：S＋V＋O＋C
    They made me happy.

☆ S=Subject（主語）　V=Verb（動詞）　O=Object（目的語）　C=Complement（補語）

【Part A】

(26)「[①]に該当する最も適切な単語を選びなさい」

正解 **a)** **life**「生物」

解説 空欄後続の文に ... dive site is home to many Hawaiian fishes, coral and turtles とあり、魚やサンゴなどを見られるとわかる。life には「生命、生活」など多様な意味があるが、ここでは海底にいる「生物」のこと。したがって a) が正解。

参考 b) sports「スポーツ」 c) products「産物」 d) facilities「施設」

☆ アメリカではよく使う「get to ＋動詞原形」は can（できる）の意味に近い。▶ I'm happy I *got to* see you again.「君にまた会えて嬉しい」

(27)「[②]に該当する最も適切な単語を選びなさい」

正解 **c)** **comfortable**「心地よい」

解説 潜水艦の内部にある多様な施設を紹介している。seating「座席」に適当な形容詞は「心地よい」である。したがって c) が正解。

参考 a) reasonable「合理的な」

b) natural「自然的な」

d) traditional「伝統的な」

☆ air-conditioned (room)「クーラーがきいている（部屋）」。日本語では「クーラー」と言っているが、英語では air conditioner と言う。英語の cooler は「冷却用容器」や「冷蔵庫」の意味である。ちなみに「冷暖房中」の掲示は air-conditioned である。

(28)「アトランティス潜水艦の収容力（定員）はどれくらいですか」

正解 **b)** **48**「48（人乗り潜水艦）」

解説 資料の最初に、The Submarine Tour takes place in the Atlantis **48**-passenger submarine「潜水艦ツアーはアトランティス **48** 人乗り潜水艦で実施される」と記されている。したがって b) が正解。

参考 数字の意味合いが異なる。

a)「100」。潜水艦は 100 フィートまで降下する。

c)「30」。ヒルトン埠頭でのチェックインはツアーの予定時間 30 分前まで。

d)「4.712」。見積価格は消費［物品］税 4.712％が課税される。

☆ capacity「（乗り物・ホテル・劇場などの）収容能力、（乗り物の）定員、座席数」。航空機の旅

客や貨物を併せた「収容力」または「収容人員」のこと。▶ passenger *capacity*「乗客定員」 seating *capacity*「座席数、座席定員」

(29)「アトランティス潜水艦ツアーに関する**正しい記述**はどれですか」

正解 **d)**「乗船客は出発の 30 分前にはチェックインが必要」

解説 **Additional Information** には，Guests must check-in at the Hilton pier. Check-in required **30 minutes before** the scheduled submarine tour time.「乗船客はヒルトン埠頭でチェックイン（乗船手続き）が必要です。予定された潜水艦ツアー時間の **30 分前**までには必ずチェックインしてください」と記載されている。したがって d) が正解。

参考 以下すべて**正しくない記述**である。

a)「予約は必要である」予約は推奨されている。

b)「日本語によるツアーガイドが利用できる」Audio headset narrations（録音ガイド）が利用できる。

c)「ワイキキのホテルからの輸送は追加料金で利用できる」complimentary（無料）である。

(30)「アトランティス潜水艦ツアーに関する**正しくない記述**はどれですか」

正解 **d)** 12 歳以上の子供には子供料金が適用される。

解説 イラスト横に、Child (**under** 12 years old, must be 36 inches tall)「子供（12 歳**未満**、身長 36 インチ必要）」と記載されている。under は「未満」の意味で 12 歳は含まれない。ちなみに「12 歳以下」は up to 12 years old と言う。したがって d) が正解。

参考 消去法でも解答できる。以下すべて**正しい記述**である。

a)「アトランティスはテレビで紹介されたことがある」資料の最初に記載されている。

b)「ツアー代金には食事と飲み物は含まれていない」Additional Information の 4 つ目に記載されている。

c)「インターネットで予約すると割引が受けられる」イラスト横に記載されている。

【Part B】

(31) 「 ① に該当する最も適切な単語を選びなさい」

正解 **b) facilities**「施設」☆通常は複数形で用いる。▶ amusement [recreational] *facilities*「娯楽施設」

解説 資料の **Introduction**（紹介）には、... and there are also the Audio-Visual Hall, the Audio-Visual Library, and other ① that make it a museum where visitors can learn while having fun at the same time. 「……また博物館には視聴覚ホールや視聴覚ライブラリーそして来館する者が楽しく過ごしながら同時に学習できる他の___等が備わっている」と記載されており、Audio-Visual Hall や Audio-Visual Library と並列になる単語と推測できる。館内にはいろいろな設備があり、Hall や Library 以外の「施設」を指している。

参考 a) commissions「手数料、委員会」
　　　c) transportations「輸送機関」
　　　d) accommodations「宿泊［収容］施設」

(32) 「 ② に該当する最も適切な単語を選びなさい」

正解 **b) identification**「身分証明書」

解説 資料の **Admission Fee**（観覧料）には、People who are disabled or under welfare assistance (please show your ②), and their attendants. 「身体障害者あるいは保健福祉支援を受けている人（___を提示していただきます）とその付き添い人」と記載されている。障害者割引を適用するために提示するものとして考えられるのは b) である。

参考 a) document「書類、文書」
　　　c) permission「許可」
　　　d) immigration「出入国」

(33) 「江戸東京博物館は _____ 」

正解 **c)** 「東京の過去、現在、未来について学ぶ機会を提供する」

解説 資料の **Introduction** では、The Edo-Tokyo Museum was founded on March 28, 1993, as the place where visitors come to learn more about **Tokyo's history and culture**. 「江戸東京博物館は来館者が**東京の歴史と文化**についてさらに多くのことを学びに来る場所として、1993 年 3 月 28 日に設立された」と記載されている。過去・現在・未来に

関する明確な記載はないが、消去法を用いればこの記述は正解である。

> **参考** 以下の記載は**正しくない記述**である。
> a）「江戸が東京に改名されたときに設立された」。江戸から東京への改称は 1868 年である。
> b）「常設展示だけである」。Introduction によると「特別展示と講演」（special exhibitions and lectures）などもある。
> d）「東京の歴史について学ぶために海外から訪れた人向けに設立された」。Admission Fee の項目には「都内在住あるいは通学する中学 3 年生以下の子供」（Children of up to the 9th grade who reside or go to school in Tokyo）と記載されており、海外からの観光客向けと限らない。

(34)「博物館の情報に関する**正しい記述は**どれですか」

　正解　**c）**　「土曜日には、いつもよりは長く開館している」

解説 資料の **Hours** の **Opening Hours** では、**Saturday until 7:30 p.m.**「**土曜日は 7 時 30 分まで**」と明記されている。☆ 2021 年時点の江戸東京博物館のホームページには、新型コロナウイルス感染症の感染拡大予防の観点からこの項目は打ち消し線が引かれている。

> **参考** 以下は**正しくない記述**である。
> a）「月曜日と国民の祝祭日には、博物館は閉館している」。本文の Hours の中にある Day Closed: Monday には「祝祭休日あるいはその振替休日が月曜日にあたる時博物館は開館、その翌日は閉館される」と記載されている。
> b）「大相撲が開催されている時には、博物館は閉館している」。本文の Hours の中にある Day Closed: Monday には「東京で大相撲が開催されている時は、博物館は開館している」と記載されている。
> d）「20 名の団体には 50％の入館料の割引がある」。本文の Admission Fee の表内を計算すると、団体割引は一部を除いて 2 割である。

(35)「ツアーの情報に関する**正しくない記述**はどれですか」

　正解　**c）**　18 歳以上の人は、毎月第 3 週の土曜・日曜日は半額で入館できる。

解説 資料の **Admission Fee** で、最後の注意書きには **Adults accompanied by children under 18 years old** are admitted for half price on the third weekend of every month (Tokyo residents only).「**18 歳未満（18 歳を含まない）の子供に付き添いの大人**は毎月第 3 の週末は半額で入館できる（都内在住者のみ）」と記載されている。したがって「18 歳以上のすべての人」ではない。

> **参考** 以下すべて**正しい記述**である。資料の Admission Fee の中で、Free or discounted prices for Permanent Exhibition「常設展示に対する無料または割引料金」の項目にある。

a）小学生と小学校就学前の子供は無料で入館できる。

b）東京在住または東京の学校に通学する中学生は無料で入館できる。

d）身体障害者とその付添いは無料で入館できる。

【Part C】

(36)「 (36) に該当する最も適切な語句を選びなさい」

正解 **d） recommend**「勧める」

解説 観光客が旅行案内業者に向かって、「当地には商用でいますが、週末には少し観光をしたいのです」と言っている。その後の旅行案内業者がいくつかプランを提案しているのを見ると、What can you recommend?「お薦めはどこですか」と尋ねていると推測できる。したがって d） が正解。

参考 a） show「案内する」 b） look at「展望する」 c） watch「見張る」

(37)「 (37) に該当する最も適切な単語を選びなさい」

正解 **c） interest(ed)**「興味をもたせる」

解説 旅行案内業者が観光客にお薦めを聞かれ、観光客の希望を確認していると推測できる。お馴染みの be interested in は「興味がある」という意味である。アメリカでは Do you want to go sightseeing in the city? はあまり聞かれない。いずれにせよ、c） が正解。

参考 a） (be) pleased「喜ぶ」

b） attract(ed)「(興味など) 引く」

d） (be) delighted「嬉しく思う」

(38)「 (38) に該当する最も適切な単語を選びなさい」

正解 **d） famous**「有名な」

解説 松本の説明として、城、美味しい食べ物、山岳の景観が挙げられる。松本はこれらのことで famous（有名）である。

参考 a） old「古い」 b） historic「歴史的な」 c） rich「裕福な」

(39)「 (39) に該当する最も適切な語句を選びなさい」

正解 **c） return**「帰る」

解説 後続の説明が金額なので旅程に関する説明を終えていると推測でき、話の内容は帰路

の方法だと考えられる。したがって c) が正解。

参考 a) start「出発する」 b) move「移動する」 d) go「行く」

(40) 「 (40) に該当する最も適切な単語を選びなさい」

正解 **a） reservation「予約」**

解説 観光客は、I think I'd like to see a castle.「お城を見たいと思います」と言っており、Matsumoto tour を make a reservation（予約する）と推測できる。 したがって a) が正解。

参考 b) reception「受付」 c) completion「完成」 d) request「要請」

【Part A】

(41) 正解 d) Vatican City「バチカン市国」

和訳 **バチカン市国**（ユネスコ世界遺産）は、世界最大の教会の1つであるサン・ピエトロ大聖堂の所在地である。バジリカ（大聖堂）は、聖ペトロで知られるイエス・キリストの12使徒の1人に因んでサン・ピエトロ大聖堂と呼ばれる。聖ペトロはカトリック教会の創立者で、現在彼の遺骨はサン・ピエトロ大聖堂が建つ場所に葬られている。

解説 イタリア、ローマにある世界最小の国家バチカン市国は国家自体がユネスコ世界遺産である。解法のカギは「サン・ピエトロ大聖堂」と「聖ペトロの墓廟」である。したがって d) が正解。「サン・ピエトロ」（イタリア語）とは「聖ペトロ」（英語で Saint Peter）の意味である。

参考 a) Colosseum「コロッセウム」。ローマ帝国時代（80年）に造られた円形闘技場。
　　 b) Pantheon「パンテオン」。ローマ市内のマルス広場に建造された神殿。
　　 c) City of San Marino「サンマリノ市」。サンマリノ共和国の首都。

(42) 正解 b) Iguazu Falls「イグアスの滝」

和訳 **イグアスの滝**は、ブラジル（20%）とアルゼンチン（80%）の境界線上に位置する。「悪魔の喉笛」で有名な観光名所である。全長約4kmに連なる約270に及ぶ小滝がある。観光客はブラジルとアルゼンチンから滝の両側を堪能できる。

解説 解法のカギは「悪魔の喉笛」（悪魔が唸っているかのように聞こえると言われる）である。したがって b) が正解。世界三大瀑布（ユネスコ世界遺産）はナイアガラの滝、ヴィクトリアの滝、イグアスの滝。

参考 以下すべてユネスコ世界遺産である。
　　 a) Angel Falls「エンジェルフォール」。南米ベネズエラのカナイマ国立公園のギアナ高地にある世界最大級の滝。
　　 c) Niagara Falls「ナイアガラの滝」。北米ニューヨーク州とカナダのオンタリオ州とを分ける国境になっている。
　　 d) Victoria Falls「ヴィクトリアの滝」。アフリカ大陸南東部、ジンバブエ共和国とザンビア共和国の国境に位置する。

(43) 正解 a) British (Museum)「大英（博物館）」

和訳 **大英博物館**は、ロンドンのラッセル通りにあるギリシャ風の巨大な建物である。世界最大の博物館の1つである。有名なロゼッタ・ストーンを含むエジプトからの宝物を多数所蔵する。さらには1700年

代に遡る日本のサムライ甲冑武具一式や装身具の豪華なセットが日本ギャラリーに展示されている。

解説 解法のカギは「ロンドンのラッセル通り」と「ロゼッタ・ストーン」（古代エジプトの象形文字の読解に重要な手がかりとなった石碑）である。

参考 以下すべてユネスコ世界遺産である。
- b) Louvre (Museum)「ルーヴル（美術館）」。パリにあるフランスの国立美術館。
- c) Metropolitan (Museum of Art)「メトロポリタン（美術館）」。ニューヨークにあるアメリカの世界最大級の美術館。
- d) Hermitage (Museum)「エルミタージュ（美術館）」。サンクトペテルブルクにあるロシアの国立博物館。

(44) **正解** c) **A continental breakfast**「コンチネタル朝食」

和訳 **コンチネンタル朝食**は、ホテルやレストランなどでの軽い朝食のことで、通常はコーヒーとバターとジャムを添えたロールパンから成る。ヨーロッパの国などで食すことが多い。典型的な日本の朝食はご飯、味噌汁、焼き魚、漬け物、ゆで玉子それにお茶が出される。

解説 コンチネンタル朝食は「ヨーロッパ式朝食」とも言われ、ジュース（オレンジ・トマトなど）、コーヒー（または紅茶）、パン（バターまたはジャム付き）程度の簡単な朝食。イタリア、スペイン、フランスなどのラテン系のホテルに多い。日本では「コンチ」と略称する。

参考 ホテルでの朝食には下記の形態がある。☞ **Column 08** 朝食（p.149）
- a) An American breakfast「アメリカ式朝食」
- b) An English breakfast「イギリス式朝食」
- d) Breakfast special「モーニングサービス（和製英語）」

(45) **正解** c) **holidays**「休（業）日、祝日、祭日」

和訳 海外旅行をする時には、**祝祭日**に関してよく考慮することが大事である。店舗やアトラクションなどが休業する時である。このような日はガイドブックに記載されているが、インターネットで検索することもできる。

解説 日本の**国民の祝日**（National holiday）

| 1月 | January【睦月】

元日 New Year's Day（Jan. 1）

成人の日 Coming-of-Age Day（the second Monday of January）

| 2月 | February【如月】

建国記念の日 National Foundation Day（Feb. 11）

天皇誕生日 Emperor's Birthday（Feb. 23）

| 3 月 | March【弥生】

春分の日 Vernal Equinox Day（around Mar. 21）

| 4 月 | April【卯月】

昭和の日 Showa Day（Apr. 29）

| 5 月 | May【皐月】

憲法記念日 Constitution Memorial Day（May 3）

みどりの日 Greenery Day（May 4）

こどもの日 Children's Day（May 5）

| 6 月 | June【水無月】

| 7 月 | July【文月】

海の日 Marine Day（the third Monday of July）

| 8 月 | August【葉月】

山の日 Mountain Day（Aug. 11）

| 9 月 | September【長月】

秋分の日 Autumnal Equinox Day（around Sept. 21）

敬老の日 Respect-for-the-Aged Day（the third Monday of September）

| 10 月 | October【神無月】

スポーツの日 Health and Sports Day（the second Monday of October）

| 11 月 | November【霜月】

文化の日 Culture Day（Nov. 3）

勤労感謝の日 Labor Thanksgiving Day（Nov. 23）

| 12 月 | December【師走】

参考 a) ceremonies「儀式」 b) fireworks「花火」 d) services「奉仕」

【Part B】

(46) 正解 a) Horyu-ji (Temple)「法隆寺」

和訳 **法隆寺**は、日本の仏教の中心地として 607 年に聖徳太子により創建された。この寺院は、木造建築物として世界最古のものの１つである。境内には、五重塔や金堂があり、本堂には重要な仏像や彫刻を数多く有している。また夢殿は日本最古の八角堂として知られている。

解説 解法のカギは、聖徳太子が創建した「世界最古の木造建造物」と日本最古の八角型の堂「夢殿」である。

参考 以下の寺院はすべてユネスコ世界遺産に登録されている。
- b) Todai-ji「東大寺」。奈良の大仏が鎮座する金堂・大仏殿がある。
- c) Toshodai-ji「唐招提寺」。奈良を象徴する優雅な天平建築である金堂がある。
- d) Yakushi-ji「薬師寺」。東塔と西塔にある五重塔と薬師三尊像がある。

(47) 正解 b) Koya-san「高野山」。ユネスコ世界遺産に登録。

和訳 **高野山**は、弘法大師によって 816 年に開山された真言密教の聖地の総称である。高野山は、主として２つの地域に分けられる。西部には多くの寺院や霊宝館があり、東部には歴史上有名な人物の多数の墓また引法大師の廟所がある。

解説 解法のカギは「真言密教の聖地」と「弘法大師の霊廟」の所在地である。

参考 日本の由緒ある名山。
- a) Hiei-zan「比叡山」。滋賀県と京都府にまたがり、高野山と並ぶ信仰対象の山。
- c) Maya-san「摩耶山」。兵庫県六甲山地の山。函館山と稲佐山と並ぶ日本三大夜景の１つ。
- d) Osore-zan「恐山」。青森県にある活火山。

(48) 正解 b) Senso-ji Temple「浅草寺」

和訳 **浅草寺**は 7 世紀に建立され、隅田川で釣り上げたという観音像を祀っている。寺院近くの浅草神社は、628 年に隅田川で観音像を発見した 2 人の兄弟と観音像を祀った郷司に捧げられている。

解説 解法のカギは、隅田川で釣り上げた「観音像」が祀られていること。

参考 以下の寺院はすべて東京都にある。
- a) Kanei-ji Temple「寛永寺」。台東区上野にある天台宗の寺院。
- c) Shibamata Taishakuten Temple「柴又帝釈天」。葛飾区にある日蓮宗の寺院。
- d) Zojo-ji Temple「増上寺」。港区にある浄土宗の寺院。

(49) **正解** **a)** **Bunraku** 「文楽」。ユネスコ無形文化遺産に登録。

和訳 文楽は太夫の語りと三味線の伴奏によって演出される操り人形の日本古来の芝居である。その特徴は舞台で人形遣いによって操られる衣装を着た大型の操り人形と舞台上の3人の人形遣い、そして三味線奏者の伴奏によって全台詞を語るナレーター（太夫）の三業の調和である。

解説 解法のカギは「操り人形」と「3人の人形遣い」である。

参考 a) の「文楽」だけでなく、以下もすべてユネスコ無形文化遺産に登録されている。

b) Gagaku「雅楽」。the (ancient) court music and dance native to Japan (in the *Heian* period) 「（平安時代における）日本固有の宮廷舞楽」。The ceremonial music and dance of the Imperial Court of Japan (today)「（現在の）宮中の公式舞楽」。

c) Kyogen「狂言」。a Noh farce (making use of mime and comical situations)「（物真似と滑稽仕草を用いる）笑劇」。

d) Noh「能(楽)」。a highly-stylized traditional Japanese play performed with unique classical costumes and masks

(50) **正解** **a)** **Aoi Festival** 「葵祭」

和訳 葵祭は、京都三大祭の1つで、下鴨・上賀茂両社で5月15日に行われる。その起源は6世紀にさかのぼり、両社に祭られた神に祈願したところ、嵐のあと好天になった。

解説 Hollyhock Festival at Shimogamo and Kamigamo shrines（京都府・下鴨神社、上賀茂神社）

Its name derives from the leaves of *hollyhock*, the sacred crest of the two shrines, which festoon all the participants, ox-drawn carriages and palanquins that take part in the festival parade. The festival features a gay procession of an imperial messenger, his suite of courtiers and court ladies, all elegantly dressed in the Heian period (794-1185). The gorgeous Imperial procession (which paid homage to the shrines in ancient times) starts from the Kyoto Imperial Palace and ends at both shrines of Shimo-gamo and Kami-gamgo.

葵祭と言われる由来は、両社の神紋である「葵」の葉と関連し、祭りの行列に参加する参列者、牛車それに御輿などのまわりに葵桂が花づな状に飾られていることから来ている。祭りの特徴は勅使と男女従者の一行が全員平安時代の優雅な衣装を身に着けていること。この豪華な朝廷行列（昔神社に参詣した優雅な宮廷行列の再現）は京都御所を出発し、下鴨・上賀茂の両神社に到着する。

参考 b) Gion Festival「祇園祭」 c) Jidai Festival「時代祭」 d) Tenjin Festival「天神祭」

Column 02 祇園祭・天神祭・時代祭

① 祇園祭

Gion Festival（京都府・八坂神社）千年余の伝統祭事。

The Gion Festival is held on July 1-31 in honor of Yasaka Shrine. This festival reaches its climax with a parade of two kinds of wheeled festive floats on July 17. It originated in 869 when an epidemic raged in Kyoto and killed many people. People erected 66 tall spears [halberds] (hoko) representing the provinces of Japan asking for god's protection.

Today the original spears [halberds] (hoko) have been replaced by big festive floats (called "hoko") of the same name. The smaller floats (called "yama") carry big life-size figures of famous historical personages. This festival is featured by the Yama-boko junko parade of the elaborate festive floats which are carried by many young men through the city to the accompaniment of musicians playing music known as Gion-bayashi.

祇園祭は八坂神社を祝って7月1日から31日行われ、そのクライマックスは2基の山車巡行が行われる17日である。その起源は、京都に疫病が流行し大勢の人が死亡した869年にまでさかのぼる。神の御加護を求めて人々は全国の地方を表す66基の大きな槍（鉾）を建てた。

今日では昔の槍（鉾）は同じ名前の大きな山車（鉾）に取り代わる。小さい山車（山）には有名な歴史人物の大きな等身大の人形がある。祭りのハイライトは豪華な山車の山鉾巡行で、祇園囃子で知られる楽士の音楽に合わせて若者たちが市内を練り歩く。

★山鉾の数は時代によって変化する。「日本三大祭り」「京都三大祭り」の1つである。山鉾行事は2016年ユネスコ無形文化遺産に登録された。

② 天神祭

Festival at Tenman-gu Shrine（大阪府・天満宮）百年以上の伝統祭事。

The Tenjin Festival is held on July 24th and 25th at Tenman-gu Shrine, at which Sugawarano Michizane, the god of academics, is enshrined. During the festival, some 3,000 people dressed in the imperial–court style of the 8th-12th centuries march beside portable shrines and the festive floats are paraded through the city streets (*riku-togyo*). The climax of this festival is a flotilla of some 100 elaborately decorated ships and other barges [boats] carrying the portable shrines, which sail along the river Okawa (*funa-togyo*). Classical dances and music are performed on the ships which are illuminated with bright lanterns.

天神祭は学問の神様である菅原道真が祀られている天満宮で7月24日と25日に行われる。祭りが行われる間、8〜12世紀の古式衣装を着た約3千人が神輿と山車近くで市内を行列する（陸渡御）。祭りのクライマックスでは豪華に飾り立てた約100隻の御座船や御輿を積んだ神楽船の船団が、大川を巡航する（船渡御）。明るい提灯で照らし出された船上では舞楽などが演じられる。

③ **時代祭**

Festival of the Ages [the Eras] （京都府・京都市）

This festival was begun in 1895 where the Heian Shrine was built to commemorate the 1,100 anniversary of the transfer of the Imperial Capital to Kyoto in 794. The festival is highlighted by a procession of people dressed in historical costumes and ancient armor and weapons, each representing various events of Japanese history from the Heian period through to the Meiji era. The parade starts with the 19th century and reaches back to the 8th century. The gorgeous historical parade starts from the Kyoto Imperial Palace and ends at Heian Shrine.

この祭りは1895年に始まり、それは794年の京都遷都から1100年を祝って平安神宮が建立されたことに由来する。ハイライトは歴史ゆかりの衣装や昔の武装姿をした人々の行列で、平安時代から明治時代までの歴史上の出来事を再現している。行列は19世紀から始まり8世紀にさかのぼる。この豪華な歴史行列は、京都御所が起点となり、平安神宮が終着点となっている。

☆ <7つの時代> 明治維新―江戸―安土桃山―吉野―鎌倉―藤原―延暦

『和英：日本の文化・観光・歴史辞典［改訂版］』（山口百々男著、三修社）より

6 「写真」による状況把握

音声の内容

02 (51) a) The motor coach runs along a busy street.

b) The cable car carries a lot of people.

c) People are crossing the road in front of the cable car.

d) People are in a line on the platform.

03 (52) a) The buffet is ready to serve customers.

b) Various kinds of desserts are arranged on the plates.

c) There are recipes in front of the food tray.

d) Some trays on the counter are almost empty.

04 (53) a) People are waiting for their baggage around the carousel.

b) The arrival area is crowded with people.

c) The numbers on the wall show the gate numbers.

d) People are checking in at the airline counter.

05 (54) a) The garden features trees around the large pond.

b) People are boarding the coach at the hotel.

c) They are looking at the beautiful rock garden.

d) People are sitting cross-legged in meditation.

06 (55) a) Several people got left behind in the building.

b) The flood caused serious damage in this area.

c) During high tide the torii gate looks like it's floating on the sea.

d) Boats are taking people to the temple.

解答と解説

(51) 正解 **b)** 「ケーブルカーには大勢の人が乗っている」

解説 まず cable car であることを把握する。次にケーブルカーについて言及している選択肢は b) か c) である。c) のように「人々がケーブルカーの前の道を渡る」様子はない。したがって b) が正解。☞ **Column 03 car の種類 (p.69)**

参考 a)「大型バスは繁華街に沿って走行している」

c)「人々はケーブルカーの前で道路を横断している」

d)「人々は（プラット）ホームで列をつくっている」

☆ motor coach「大型バス、観光バス」(= motorcoach) (be) in a line「(1列に) 並んでいる」

---

(52) 正解 **a)** 「ビュッフェは顧客に対応できる用意ができている」

解説 多種多様な食べ物が準備されている。この状態は the buffet と呼ばれる。b) desserts だけでない。c) レシピは見当たらない。d) トレーが empty「空の」の状態ではない。したがって a) が正解。

参考 b)「多種多様なデザートが皿の上に盛られている」

c)「食べ物トレーの前にレシピがある」

d)「カウンターのトレーにはほとんど何もない」

☆ plate「皿」 tray「トレー、盆、盛り皿」

---

(53) 正解 **d)** 「人々は航空会社のカウンターでチェックインしている」

解説 空港でチェックイン（搭乗手続）をしている状況である。選択肢はすべて空港関連の用語である。しかし a) the carousel、b) the arrival area、c) the gate numbers などは見当たらない。したがって d) が正解。

参考 a)「人々は回転式コンベヤーの辺りで自分の荷物を待っている」

b)「到着エリアは人々で混雑している」

c)「壁に書かれた数字はゲート番号を表示している」

☆ carousel [《英》carrousel]「回転式コンベヤー、回転式 [旋回式] 手荷物引渡しベルトコンベヤー」。空港にある荷物回転台（baggage turntable）のこと。

---

(54) 正解 **c)** 「彼らは美しい石庭を眺めている」

解説 和室から観賞できる日本庭園の写真である。選択肢を見れば庭園関連の用語は a) か c) である。a) の trees around the large pond は見当たらない。したがって c) が正解。

参考 a)「庭園の特徴は大きな池周辺の樹木である」

　　 b)「人々はホテルでバスに搭乗している」

　　 d)「人々はあぐらをかいて瞑想している」

　　 ☆ sit cross-legged「あぐらをかく」 (in) meditation「瞑想（して）」

(55) **正解** **c)**　「満潮時には鳥居は海上に浮かぶように見える」

解説 写真はユネスコ世界文化遺産「厳島神社」である。選択肢を見ると解答は1つのみである。他はすべて無縁である。したがって c) が正解。

参考 a)「数人はビルの後ろに取り残された」

　　 b)「この地域は洪水のため甚大な被害を受けた」

　　 d)「ボートで人々を寺院へ連行している」

　　 ☆ flood「洪水」 high tide「満潮」 float (on the sea)「（海に）浮かぶ」

Column 03　car（客車・貨車・車両）の種類

2両以上連結している「列車」は **train** と言う。

【B】　baggage car《米》（旅客の荷物を載せる）荷物専用車

　　 bi-level car 2階建車両

　　 boxcar《米》（鉄道の）有蓋貨車（=《英》van）。周囲を完全に覆った貨車

　　 buffet car《英》ビュッフェ車（= bar car）、軽食堂車

【C】　cable car ケーブルカー（= grip car）

　　 caboose car 車掌車

　　 café car カフェカー、食堂車。鉄道で使用される車両で、半分は食堂、半分はラウンジや喫煙室として作られている

　　 chair car 特別客車（= parlor car）。リクライニングシートが左右2脚ずつある昼間旅行用の客車

　　 club car《米》クラブカー、（休憩用の）特別客車（=《米》lounge car）。長距離列車に連結された車両で軽食カウンターやソファなどが設けられている

　　 container car コンテナ車

【D】　dining car（列車の）食堂車（⇒ diner; buffet car;《英》restaurant car）

　　 dome car 展望車

　　 domeliner 展望列車

　　 double-decker (car) 2階建て車（= double-deck car）

　　 drawing-room car 特別客車

【F】 female-only car 女性専用列車

first-class car 一等車

freight car《米》貨物車両、貨車

【G】 gondola car《米》無蓋貨車

【H】 handcart 手動車、トロッコ。鉄道路線の点検や修理に使うもので、手で動かす

house car 有蓋貨車

【J】 jam-packed car 満員の車、すし詰めの車

【L】 lounge car《米》特等車 (= club car)

luggage van《英》手荷物運搬用貨車

【M】 monorail (car) モノレール（カー）

【N】 nonsmoking car 禁煙車

【O】 observation car 展望車 (= vista-dome car)

ordinary car 普通車 (= regular car)

【P】 parlor car 特別展望車、特別客車 (=《英》saloon car)

passenger car 客車

Pullman car プルマン車

【S】 saloon car《英》特別客車 (《米》parlor car)

sleeping car 寝台車 (= sleeper)

smoking car 喫煙車

streetcar 路面電車、市街電車 (=《英》tram, tramcar; trolley)

【V】 vista-dome car《米》展望車

『観光のための初級英単語と用例』(（山口百々男著、三修社）より

07　(56) a) The last guided tour begins at 2:00 pm.

b) The opera house offers guided tours every afternoon.

c) A mini concert is held four times a day.

d) Guided tours are not available on Mondays.

08　(57) a) The distance between Atlanta and Chicago is 960 miles.

b) The distance between Boston and Los Angeles is 2,011 miles.

c) Los Angeles is 383 miles away from San Francisco.

d) The distance between Chicago and San Francisco is 2,151 miles.

09　(58) a) There are four subway stations near the White House.

b) The White House is located between 17th street and 15th street.

c) Lafayette Park is located on K Street.

d) The White House is located north of Lafayette Park.

10　(59) a) You can buy a Tokyo Metro 24-hour ticket in advance.

b) This ticket is valid for two days.

c) No child fare is available for the Tokyo Metro 24-hour ticket.

d) A Tokyo Metro 24-hour ticket can be purchased on the day of use only.

11　(60) a) Fermented soy beans are wrapped in straw.

b) This is usually cut into pieces and put in soup.

c) Pickles are fermented in a mixture of roasted rice bran.

d) Bean sprouts are used with Japanese home cooking.

(56) 正解 **b)** 「オペラハウスでは午後にはいつもガイド付きツアーを提供している」

解説 Guided Tours は **Daily at 2, 3 & 4 pm**（毎日午後 2 時、3 時、4 時）と記載されている。したがって b) が正解。

参考 a)「最後のガイド付きツアーは午後 2 時に開始される」
c)「ミニ・コンサートは 1 日に 4 回公演される」
d)「ガイド付きツアーは月曜日は実施されない」
☆ available「利用［使用］できる」

(57) 正解 **c)** 「ロサンゼルスはサンフランシスコから 383 マイル離れている」

解説 Distance (miles) の一覧を見ると、ロサンゼルスとサンフランシスコは **383 miles** 離れている。したがって c) が正解。

参考 a)「アトランタとシカゴ間の距離は 960 マイルである」
b)「ボストンとロサンゼルス間の距離は 2,011 マイルである」
d)「シカゴとサンフランシスコ間の距離は 2,151 マイルである」
☆ distance「距離」▶ social *distance*（新型コロナの感染予防策）

(58) 正解 **b)** 「ホワイトハウスは 17 番街と15 番街の中間にある」

解説 イラストのホワイトハウス左側には **17th Street**、右側には **15th Street** がある。したがって b) が正解。

参考 a)「ホワイトハウス近くには地下鉄駅が 4 か所ある」
c)「ラファイエット公園はKストリートにある」
d)「ホワイトハウスはラファイエット公園の北にある」

(59) 正解 **a)** 「東京メトロの 24 時間切符は事前に購入できる」

解説 イラストには **Tickets can be bought in advance** or on the day（切符は事前または当日に購入できる）と記載されている。したがって a) が正解。

参考 b)「この切符は 2 日間有効である」
c)「東京メトロの 24 時間切符には幼児運賃はない」
d)「東京メトロの 24 時間切符は使用する当日に限り購入できる」
☆ in advance「前もって」 valid「有効である」 fare「運賃」 purchase「購入する」

(60) 正解 **a)** 「発酵させた大豆が藁で包まれている」

解説 イラストを見ると納豆だとわかる。c) pickles、d) bean spouts ではない。したがって a) が正解。 ☞ **Column 04 納豆**

参考 b) 「これは通常は細かく切って汁物に入れる」

　　c) 「漬物は炒った米ぬかを混ぜ合わせて発酵させたものである」

　　d) 「もやしは日本の家庭料理で使用される」

　　☆ fermented 「発酵させた」　rice bran 「米ぬか」　bean sprout 「豆もやし」

Column 04　納豆

natto; fermented soybeans (with a slimy consistency or stickiness)
Natto is made from fermented soybeans and *natto* fungus [bacillus]. *Natto* is eaten on top of cooked rice after being mixed with *shoyu* [soy sauce], hot mustard and minced onions.

（ぬるぬるした粘りのある）納豆は大豆を納豆菌で発酵させて作る。醤油、からし、さらしネギを混ぜ、ご飯の上にのせてから食べる。

☆ 「納豆菌」は *natto* fungus; *natto* bacillus　複 fungi [bacilli]

【料理】

納豆汁 *miso* [bean paste] soup containing minced [chopped] *natto* [fermented soybeans]

納豆巻き *sushi* rolled by hand in sheet of dried laver with *natto* [fermented soybeans] in the center; *sushi* containing *natto* and rolled in dried laver

『和英：日本の文化・観光・歴史辞典 [改訂版]』（山口百々男著、三修社）より

音声の内容

◀)) 12 (61) How can I get to Narita Airport?

(62) May I help you?

(63) What kind of food did you eat in London?

(64) I hope the meal was delicious.

(65) Where would you like to go?

(66) Does the hotel offer child-care services?

(67) Do you have laundry service?

(68) Where can I find the shuttle bus?

(69) Where can I get a city map?

(70) I think I'll come back later. What time do you close?

解答と解説

(61) 問い 「成田空港にはどのようにして行けますか」

正解 **a)** 「電車かリムジンバスで行けます」

解説 観光 特定の場所（成田空港）への行き方を聞く慣用表現である。返答は手段を表す前置詞を用いて「**by** ＋乗り物（電車・バスなど）」と言う。したがって a) が正解。

参考 b)「2 時間を要します」
c)「ご希望通りの量だけ」
d)「喜んで」
☆ get to (A)「(A) に着く、行く」 take「(時間が) かかる、(時間を) 要する」

(62) 問い 「何かお困りですか」

正解 **b)** 「もう他の店員さんに見てもらっています。ありがとう」

解説 買い物 買い物などのときに店員が顧客に話しかける慣用句である。Are you being helped?「誰かご用を承っていますか」と同じ意味であり、接客されているかどうかを聞

く場合に用いる。Is anyone helping (you)? とも言う。その問いに対して返答する場合、Someone's already helping me, thank you.「すでに要件を伝えました。ありがとう」の慣用句で返答できる。したがって b) が正解。

参考 a)「お会いできてうれしいです」
    c)「ありがとう。私も楽しみました」
    d)「私の誕生日です」
    ☆ enjoy「楽しむ」

(63) 問い 「ロンドンでは何を召し上がりましたか」
    正解 c) 「魚のフライにフレンチポテトを少々いただきました」

解説 日常会話　何を食べたかを聞かれている。返答として適しているものは魚・肉・野菜といった食べ物である。したがって c) が正解。

参考 a)「彼は素晴らしいシェフです」
    b)「おしゃれなレストランに行きましょう」
    d)「卵を少し溶きほぐしました」
    ☆ beat (some eggs)「(卵を) かきまぜる」

(64) 問い 「お食事はおいしかったでしょうか」
    正解 b) 「はい、とてもおいしかったです」

解説 レストラン　食べ物がおいしかったか否かを聞かれている。返答は Yes か No かである。d) では「まだ食べていない」ので返答できない。したがって b) が正解。

参考 a)「忘れずにチップを置きます」
    c)「別にたいしたことはないです」
    d)「いいえ、まだ口にしません」
    ☆ I hope「希望する」remember to (do)「忘れずに (する)」 matter「重要 [大切] である」
    ▶ Black lives *matter*（lives は life の複数形）「黒人の命は大事、黒人の命を守れ」

(65) 問い 「どこへ行きたいのですか」

正解 **b)** 「六本木ヒルズまでお願いします」

解説 **タクシー** タクシーなどで行き先（Where would you like to go?）を聞かれる時の表現。当然行き先を返答することが求められる。したがって b) が正解。

参考 a)「興味はありません」

　　c)「休暇から帰る途中です」

　　d)「ショーの開始は午後 7 時です」

　　☆ return (from)「（から）帰る」

(66) 問い 「ホテルには預かり保育サービスがありますか」

正解 **c)** 「当ホテルには子供クラブがあります」

解説 **ホテル** 保育サービスとは、親（保護者）からの申し込みにより、親が働いている、病気の状態にある等の理由により家庭内にて十分に子供を保育できない場合、家庭に代わって子供を保育することである。この趣旨に沿う内容は「子供クラブ」（kids club）である。したがって c) が正解。

参考 a)「ルームサービスを頼みましょう」

　　b)「18 歳以上のお客様に限ります」

　　d)「安全第一です」

　　☆ child-care service「保育サービス」　security「安全」

(67) 問い 「ランドリー（クリーニング）サービスはありますか」

正解 **a)** 「残念ですが、ございません」

解説 **ホテル** ホテルに宿泊客の衣類を洗濯するサービスがあるかどうかを尋ねている。返答は Yes か No かのいずれかである。したがって a) が正解。ちなみに「コインランドリー」（和製英語）は《米》laundromat、《英》laundrette (to wash one's clothes) と言う。

参考 b)「当ホテルは日々清掃しています」

　　c)「ルームサービスのメニューは卓上にあります」

　　d)「ホテルの医者を呼びます」

　　☆ unfortunately「残念（不幸）にも」

(68) 問い 「シャトルバスはどこにありますか」

　　 正解 **c)** 「バス停は向こうのほうです」

解説 **バスターミナル** 　シャトルバスを探している状況である。選択肢を見ると「バス停」(bus stop) の用語がある。したがって c) が正解。

参考 a)「週末だけです」
　　b)「クレジットカードで」
　　d)「バッグを2個持っているならば」
　　☆ bus stop「バス停」　shuttle bus「シャトルバス」

(69) 問い 「市内地図はどこで入手できますか」

　　 正解 **d)** 「観光案内所で（貰えます）」

解説 **観光** 　市内地図が入手できる場所を尋ねている。書店でも購入できるが、無料で入手したい場合はどの国でも同じだが「観光案内所」(tourist information center) である。したがって d) が正解。

参考 a)「彼らはもうすぐ到着するでしょう」
　　b)「それは7時に出発します」
　　c)「週末はもっと安いです」
　　☆ (city) map「（市内）地図」

(70) 問い 「後ほど出直して来ようと思います。何時に閉まりますか」

　　 正解 **b)** 「午後8時まで開いています」

解説 **買い物** 　店舗に再度来ることになり、閉店時間 (What time do you close?) を確認している。当然のことながら時間を返答する必要がある。したがって b) が正解。

参考 a)「またお越しください」
　　c)「月曜日は休みです」
　　d)「お客様のサイズに合うものはございません。申し訳ございません」

対策

会話は 2 回放送される。

「1 回目の放送」では、会話の内容を一言一句に拘泥せずにしっかりと「全体像」を把握すること。そのためには会話の「場面・状況」をキャッチすること。最後に「**質問**」（QUESTION）を的確に理解すること。

「2 回目の放送」では、質問を念頭におきながら、問題冊子にある 4 つの「選択肢」を見ながら適切な解答を探ること。解答となる重要な「**語句や文**」に合致する内容が必ずあるので、その文脈を理解しながら会話の内容を把握すること。

この設問は、「和文英訳」ではなく「会話の流れ」を的確に把握することが問われている。「会話の内容」は、各設問の **解説** でその主旨が述べられている。

音声の内容

◀) 13　(71)　**F :** Hello. Can I help you?

　　　M: Yes. I'm looking for a gift for my sister, maybe a key chain.

　　　F : They're over there in the back. We have lots with popular characters from comics and anime.

　　　M: That sounds perfect.

　　　F : And if you buy three, you get one free.

　　　M: I think I only need one, for my sister.

　　　Question　What is the tourist doing?

◀) 14　(72)　**F :** Good evening. I'm here to check in. I have a reservation for two nights. The name is Williams, Ann Williams.

　　　M: Good evening, Ms. Williams. Yes ... a single for two nights.

　　　F : That's it. And on the day I check out I have a very early flight. I'll need to check out at about 4:00 in the morning.

　　　M: Certainly. That won't be a problem. Your bill will be ready.

　　　F : Thanks.

　　　Question　What is the tourist worried about?

15 (73) F : Are you OK? You don't look so good.

    M: Yes ... Actually, I'm feeling a little strange. I have a headache and I feel a little warm. Is it hot in here?

    F : Not at all. You might have a fever. Let me talk to someone at the front desk. Maybe they have thermometer.

    M: I hope it's not the flu or something like that.

    Question What is the tourist's problem?

16 (74) F : Is there someplace I can put my coat and bag?

    M: Oh, yes. There's a cloakroom on the second floor. It's near the escalators.

    F : I just came up those escalators. I didn't see the cloakroom.

    M: It's there, just to the left as you reach the top. Lots of people miss it because they just move ahead to the next set of escalators to get to the restaurants and banquet room on the third floor.

    Question Where is the cloakroom located?

17 (75) F : Can I see your passport and boarding pass, please?

    M: Here you are.

    F : Can you take your passport out of the case?

    M: Pardon me?

    F : Take your passport out of the case. Passports must not be in any kind of case as you present them to an officer. There are several signs showing this rule. I guess you didn't see one.

    M: No, sorry.

    Question Who is the man probably talking to?

18 (76) M: This is Sato in room 1212.

    F : Good afternoon. How may I help you?

    M: My air conditioner is set really low and my room is really cold. I can't see how to change it.

    F : You can change the setting on the remote control. It's next to the TV.

    M: Oh, OK. I see it. Let me try it. If I have a problem, I'll call you again.

Question What is the problem?

19 (77) F : Mind your step as you enter the inn. It's an old building and the floor is not completely flat.

M: Will the suitcases be OK?

F : They'll need to be picked up, but don't worry, the staff will take them from the bus and bring them all to the lobby. You just need to be careful so you don't fall.

M: Oh, OK.

Question What is the tour guide telling the guests?

20 (78) M: Just the one suitcase today?

F : Yes.

M: Did you pack this bag yourself?

F : Well, actually, no.

M: Did someone give you this bag to carry for them?

F : No, it's my bag, but my husband packed it. I know I should never accept a bag from anyone I don't know.

M: Oh, OK, then. I was a little worried. That's it then. Here's your boarding card.

Question Who is the woman probably talking to?

21 (79) M: Can you recommend something active and not too expensive?

F : Do you like cycling?

M: Yes.

F : Well, there are several good courses in the area, and rentals are surprisingly affordable. A family of four can enjoy half a day for less than 5,000 yen.

M: That sounds perfect.

Question What kind of activity did the tourist ask for?

22 (80) M: I really like this one. Can I try it on?

F : Sure. The dressing rooms are in the back. It's 100 percent silk and it feels really great. And it's on sale this week.

M : Really.

F : Uh-huh. Twenty percent off the usual price.

Question What is the tourist doing?

解答と解説

(71) **質問** 「観光客は何をしていますか」

正解 **a)** 「土産物を買うこと」

解説 買い物 男性は I'm looking for a gift for my sister, maybe a key chain. 「妹のための贈り物、キーホルダー（key holder）を探しています」と言っている。女性は We have lots with popular characters from comics and anime. 「コミックやアニメの人気キャラクターのものが多数あります」、そして if you buy three, you get one free. 「3 つ買えば、1 つはオマケですよ」と言っている。男性は I think I only need one, for my sister. 「妹用には、1 つだけで十分だよ」と返答している。しがって a) が正解。

参考 b)「妹に会いに行くこと」
c)「バッグを受け取ること」
d)「衣服を試着すること」
☆ pick up (one's bag)「（バッグを）受け取る、取り上げる」 try on (clothes)「試着する」

(72) **質問** 「観光客は何を心配していますか」

正解 **d)** 「チェックアウト時間」

解説 ホテル 女性はフロントで I'm here to check in. I have a reservation for two nights. 「チェックインしたいのです。2 泊分の予約をしてます」と伝える。さらに on the day I check out I have a very early flight. 「チェックアウトする日には、早朝発の飛行機に乗ることになっています」と言っている。さらに I'll need to check out at about 4:00 in the morning. 「早朝 4 時頃にチェックアウトしなくてはいけないのです」と伝えている。男性は Certainly. That won't be a problem. Your bill will be ready. 「承知しました。大丈夫です。明細書を用意します」と言っている。したがって d) が正解。

参考 a)「自分の会計」 b)「自分の飛行便」 c)「予約」
☆ bill「請求書」（= check）

(73) 質問 「観光客は何を問題にしていますか」

正解 **d)** 「彼は病気かもしれない」

解説 **ホテル** 男性は I have a headache.「少々頭痛がします」と言っている。この時点ですでに解答が判明する。もう少し確認すると、女性は You might have a fever.「熱があるようですね」と言って、Let me talk to someone at the front desk. Maybe they have thermometer.「フロントで話してみます。きっと体温計があるでしょう」と言う。男性は I hope it's not the flu or something like that.「インフルエンザか何かでなければいいんだがね」と危惧している。したがって d) が正解。

参考 a)「フロント（デスク）には誰もいない」
b)「天候は温暖すぎる」
c)「彼は部屋の変更を望んでいる」
☆ the flu「インフルエンザ」

(74) 質問 「クローク（ルーム）はどこにありますか」

正解 **c)** 「2 階のエスカレーターのそばにある」

解説 **ホテル** 女性は Is there someplace I can put my coat and bag?「コートとバッグを預けられる場所はどこかあるでしょうか」と尋ねている。男性は There's a cloakroom on the second floor. It's near the escalators.「2 階にクロークがあり、エスカレーター近くにあります」と返答している。女性は I just came up those escalators. I didn't see the cloakroom.「エスカレーターできましたが、クロークは見つかりませんでした」と言う。男性は It's there, just to the left as you reach the top. Lots of people miss it ...「エスカレーターであがるとすぐそこの左側にあります。多くの人は見逃しています」と付言した。したがって c) が正解。

参考 a)「2 階の宴会場の隣にある」
b)「3 階のレストランの隣にある」
d)「3 階のエスカレーターのそばにある」
☆ cloakroom「（ホテル・劇場などの）クローク（ルーム）、携帯品一時預かり所、《英》トイレ」。米国では checkroom とも言う。

(75) 質問 「男性は誰と話しているようですか」

正解 **b)** 「出入国管理官」

解説 **空港** 女性は、Can I see your passport and boarding pass, please?「旅券と

搭乗券を拝見できますか」と言っている。さらに Can you take your passport out of the case?「旅券はケースから取り出してくださいますか」と伝えている。そして Passports must not be in any kind of case as you present them to an officer.「旅券を係官に見せる時には、どんな場合でもケースに入れたまま提示しないでください」と注意された。したがって b) が正解。

参考 a)「警察官」 c)「税関検査官」 d)「保安検査官」

☆ immigration officer「出入国管理官」

---

(76) 質問 「何が問題となっていますか」

正解 c) 「部屋が寒すぎる」

解説 ホテル 男性は This is Sato in room 1212. My air conditioner is set really low and my room is really cold.「1212 号室の佐藤です。エアコンの温度が実に低すぎて、部屋がとても寒いのです」と苦情を述べている。女性は You can change the setting on the remote control. It's next to the TV.「リモコンで設定を変更できます。テレビの横にあります」と返答している。男性は OK. I see it. Let me try it.「OK。了解です。やってみます」と返答した。したがって c) が正解。

参考 a)「エアコンが故障している」

b)「リモコンが無い」

d)「電話が通じない」

☆ air conditioner「エアコン、冷暖房装置」。日本語で「クーラー」とも言うが、英語では (room) air conditioner と言う。英語の cooler は「冷却用容器」や「冷蔵庫」の意味である。ちなみに「冷暖房中」の掲示は air-conditioned である。

---

(77) 質問 「ツアーガイドが観光客に何を告げていますか」

正解 c) 「転ばないように気をつけること」

解説 旅館 女性は Mind your step as you enter the inn. It's an old building and the floor is not completely flat.「旅館に入るときには足元に気をつけてください。建物は古くて、床がでこぼこしています」と告げている。さらに You just need to be careful so you don't fall.「転ばないように注意だけしてください」と言っている。したがって c) が正解。

参考 a)「バッグを持参すること」

b)「階段を急いで上がること」

d)「職員にスーツケースを預けること」

☆ bring「持参する」 fall (fell, fallen)「転ぶ、落ちる」

---

(78) 質問 「女性は誰と話していると思われますか」

正解 **c)** 「空港の搭乗手続係員」

解説 空港 男性は Did you pack this bag yourself?「バッグは自分で梱包しましたか」と聞いている。女性は Well, actually, no.「実のところ自分ではないのです」と返答する。男性は Did someone give you this bag to carry for them?「このバッグを運搬するように誰かから依頼されましたか」と聞く。女性は No, it's my bag, but my husband packed it. I know I should never accept a bag from anyone I don't know.「違います。このバッグは自分のバッグで、主人が梱包しました。見知らぬ人からバッグを受け取るのはいけないこととよく承知しています」と返答した。その後男性は OK, then. I was a little worried. That's it then.「OK。いいでしょう。ちょっと気になっただけのことです」と言いながら搭乗券を女性に返却していた (Here's your boarding card.)。したがって c) が正解。

参考 a)「ホテルのポーター（荷物運搬係）」
   b)「彼女の夫の友人」
   d)「税関検査官」
   ☆ customs inspector「税関検査官」(= customs examiner)

---

(79) 質問 「観光客はどのような活動を求めていますか」

正解 **d)** 「何となく手頃なもの」

解説 観光案内所 男性は Can you recommend something active and not too expensive?「何か活動的で安上がりなものを薦めてくれますか」と尋ねる。女性は Do you like cycling?「サイクリングはお好みですか」と聞く。男性は Yes.「好きです」と返答する。女性は Well, there are several good courses in the area, and rentals are surprisingly affordable. A family of four can enjoy half a day for less than 5,000 yen.「この辺りには絶好のコースがいくつかあり、レンタルしても手頃です。4人家族で5千円以下で半日楽しめます」と言っている。したがって d) が正解。

参考 a)「何か伝統的なもの」
   b)「どことなく自然なもの」
   c)「何かワクワクさせるもの」
   ☆ reasonable「（値段が）高くない」 affordable「手頃な、無理なく入手できる」

---

(80) 質問 「旅行者は何をしていますか」

正解 c) 「衣服の買い物をすること」

解説 買い物 男性は I really like this one. Can I try it on? 「これはとても気に入りました。試着してもよろしいですか」と尋ねている。女性は Sure. The dressing rooms are in the back. It's 100 percent silk and it feels really great. And it's on sale this week. 「いいですよ。試着室は後方にあります。100％シルクで、着心地満点です。おまけに今週はセールですよ」と返答している。男性は Twenty percent off the usual price. 「通常価格の２割オフですね」と喜んでいる。したがって c) が正解。

参考 a) 「コーヒーを買うこと」

b) 「食事を注文すること」

d) 「伝言を受け取ること」

☆ try on (the clothes) 「(衣服を) 試着する」

[Part A]

23

音声の内容

Tourist: How long has this Icelandic volcano been active?

Guide: Well, it's been active for a few months. It was big news around the world because of all the delays to air traffic in Europe.

Tourist: I heard about it in Japan, too. Some people said it might be dangerous to visit. Are there less visitors because of the volcano?

Guide: Unfortunately, there have been fewer tourists this year. But tour companies are offering some discounts to attract more people.

Tourist: That's true. Our trip was discounted 30 percent. I think, because people were worried about safety, the tour was not popular this year.

Guide: Well, I am glad you decided to visit our country. Please tell everyone about its beauty and safety, too!

Tourist: Yes, I will. In Japan, we have many volcanoes, too. Could you tell me more about this volcano?

Guide: Yes, of course. Well, this volcano erupted on March 21, and it also erupted in 1821. It was active for two years that time.

Questions

(81) Why was the tour discounted 30 percent?

(82) When did the volcano erupt this time?

(83) According to the passage, where was the air traffic delayed?

(84) What did the guide ask the tourist to do?

(85) What does the tourist say about Japan?

解答と解説

(81) **質問** 「ツアーが30パーセント割引された理由は何ですか」

正解 c) 「今年、人気は出なかった」

解説 会話の中頃で観光客が、I think, because people were worried about safety, **the tour was not popular this year**.「大勢の人が（空の旅に関する）安全性について懸念していたので、**今年のツアーは人気がなかった**と思います」と話している。したがって c) が正解。

参考 a)「シーズンオフ（和製英語）であった」（= off [bottom] season　閑散期）

b)「超過［過剰］予約された」

d)「火山のために遅れた」

(82) **質問** 「今回火山はいつ噴火したのですか」

正解 b) 「3月」

解説 会話の最後のほうでガイドは、this volcano erupted **on March** 21, ...「この火山は **3月** 21日に噴火した」と語っている。したがって b) が正解。this volcano「この火山」が Icelandic volcano（アイスランドの火山）のことで、当時ヨーロッパの空の旅を脅かした「世界のビッグニュース」（big news around the world）として有名な「2010年のエイヤフィヤトラヨークトル（Eyjafjallajökull）の噴火」である。

参考 a)「1821年」　c)「6月」　d)「2年間」

(83) **質問** 「この一節によると、空の交通がどこで遅延したのですか」

正解 b) 「欧州で」

解説 会話冒頭にガイドが、It was big news around the world because of all the delays to air traffic **in Europe**.「**欧州で**空の交通が遅延したために世界中のビッグニュースでした」と話している。したがって b) が正解。

参考 a)「日本で」　c)「世界中で」　d)「どことも知れぬ場所」

(84) **質問** 「ガイドは観光客が何をするように依頼していましたか」

正解 c) 「アイスランドの美しさと安全性についてすべての人々に語ること」

解説 会話後半で、I am glad you decided to visit our country. **Please tell everyone about its beauty and safety, too!**「私たちの国にお越しいただく決心をされ感謝申し上げます。どうかすべての人にこの国の美しさと安全性についてもお話してください」と述べて

いる。したがって c) が正解。

参考 a)「火山を訪れること」

b)「火山活動に注意すること」

d)「ツアーに遅れないこと」

(85) 質問 「観光客は日本についてどのように述べていますか」

正解 c) 「日本にも火山がある」

解説 会話の最後のほうで、**In Japan, we have many volcanoes**, too.「**日本にも火山は多数あります**」と述べている。したがって c) が正解。

参考 a)「夏は暑い」

b)「日本には火山がない」

d)「日本での火山は静かである」

[Part B]

24

音声の内容

Ken: Good morning, Lesley. Are you ready to take the train to Matsuyama?

Lesley: Good morning, Ken. Yes, I'm all packed so after breakfast we can leave.

Ken: Perfect! I think I'll just have some orange juice and a muffin.

Lesley: Okay. Me, too. So can you tell me more about the hot springs we're going to today? How long is the train ride?

Ken: Well, it'll take three hours by express train. Dogo Onsen is a famous hot spring in Japan. It is located near Matsuyama Castle in Matsuyama City. One of the popular attractions is the rickshaw carriage ride around the cobbled streets.

Lesley: That sounds amazing! Maybe we can wear some traditional Japanese clothes and take a picture.

Ken: I was just going to say that. We can wear a *hakama* and kimono and have our photo taken for a small additional fee.

Lesley: How do you know so much about Dogo hot spring?

Ken: Umm, the guidebook!

Lesley: Right! Okay so let's have breakfast and then get on the train.

Questions

(86) Where are the two tourists?

(87) Is the woman looking forward to visiting the hot spring?

(88) Is the photo included in the hot spring price?

(89) How does the man know about Dogo Onsen?

(90) What will the man and woman do next?

解答と解説

(86) 質問 「2 人の旅行者はどこにいますか」
正解 **b)** 「松山から列車で数時間ほどかかる所に（いる）」

解説 会話の冒頭で男性（Ken）は、Are you ready to take **the train to Matsuyama?**「松山行きの列車に乗る用意はできていますか」と言っている。女性（Lesley）は **How long is the train ride?**「乗車所要時間は**どれくらいですか**」と尋ねると、男性は **it'll take three hours** by express train.「急行列車で **3 時間かかります**」と返答している。したがって b) が正解。

参考 a)「松山に」 c)「列車内に」 d)「青森の温泉に」

(87) 質問 「女性は温泉に行くのを楽しみにしていますか」
正解 **c)** 「はい、彼女は非常にわくわくしています」

解説 会話の流れでは、2 人は日本で有名な道後温泉に行くことになり、男性は温泉だけではなく、One of the popular attractions is the rickshaw carriage ride around the cobbled streets.「人気の高い呼びものの 1 つに石畳の道の周辺を巡る観光人力車がありますよ」と言っている。それを聞いて女性は **That sounds amazing!**「それは**素敵じゃないの**」と返答している。したがって c) が正解。

参考 a)「いいえ、彼女は温泉が好きではないようです」
b)「彼女の好きなのは水泳です」
d)「いいえ、彼女が見物したいのはお城です」

(88) 質問 「写真は温泉の入浴料に含まれていますか」
正解 **c)** 「いいえ、追加料金がかかります」

解説 写真に関しては、温泉の入浴料に含まれているとは記載されていない。また男性は、We can wear a *hakama* and kimono and have our photo taken **for a small additional fee**.「私たちは袴と着物を着用して、**小額の追加料を払って**写真を撮ることができます」と言っている。したがって c) が正解。

参考 a)「はい、含まれています」
b)「2 人目は半額になります」
d)「ディナーは価格に含まれています」

(89) 質問 「男性はどうして道後温泉についてよく知っているのですか」

正解 **b)** 「ガイドブックで温泉について読んでいた」

解説 女性が How do you know so much about Dogo hot spring?「どうしてそれほど道後温泉について知っているのですか」と尋ねている。男性は Umm, the **guidebook**!「うーん、**ガイドブック**さ！」と返答している。したがって b) が正解。

参考 a)「以前そこに住んでいた」
c)「インターネットでそれについて読んでいた」
d)「ツアーガイドがそれについて彼らに教えていた」

(90) 質問 「男性と女性は次に何をすることになりますか」

正解 **c)** 「食事をする」

解説 会話の最後に女性は、let's **have breakfast** and then get on the train.「朝食をとってから乗車しましょう」と言っている。したがって c) が正解。

参考 a)「温泉に行く」 b)「城を見学する」 d)「荷造りをする」

1. 最初に筆記試験（試験時間は 60 分）、引き続きリスニング試験（試験時間は約 30 分）が行われます。試験監督者の指示に従ってください。
2. 問題冊子は試験監督者から開始の合図があるまで開かないでください。
3. 解答用紙（マークシート）の記入欄に、氏名・生年月日・受験番号等を記入してください。
4. 試験開始の合図後、最初に問題冊子のページを確認してください。もし乱丁や落丁がある場合は、すみやかに申し出てください。
5. 解答は全て、解答用紙の該当するマーク欄を黒鉛筆で塗りつぶしてください。
   - 黒鉛筆またはシャープペンシル以外は使用できません。
   - 解答用紙には解答以外の記入をいっさいしないでください。
6. 辞書・参考書およびそれに類するものの使用はすべて禁止されています。
7. 筆記用具が使用不能になった場合は、係員にすみやかに申し出てください。
8. 問題の内容に関する質問には、一切応じられません。
9. 不正行為があった場合、解答はすべて無効になりますので注意してください。

【筆記試験について】

1. 試験監督者が筆記試験の開始を告げてから、始めてください。
2. 各設問は 1 から 50 までの通し番号になっています。
3. 試験開始後の中途退出はできません。（リスニング試験が受けられなくなります。）

【リスニング試験について】

1. 各設問は 51 から 90 までの通し番号になっています。
2. リスニング中に問題冊子にメモをとってもかまいませんが、解答用紙に解答を転記する時間はありませんので、注意してください。
3. 放送が終了を告げたら、筆記用具を置いて、係員が解答用紙を回収するまで席を立たないでください。

全国語学ビジネス観光教育協会

筆記試験

1

[Part A] 次の (1) から (5) の下線部分の英語に対応する最も適切な和訳を、a)、b)、c) および d) の中から 1 つずつ選び、マーク欄の該当する記号を黒く塗りつぶしなさい。

(1) Do you have anything to <u>declare</u>?

    a) 申告する   b) 告訴する   c) 告白する   d) 予告する

(2) This hotel can <u>accommodate</u> more than 1,200 guests.

    a) 留める   b) 止める   c) 泊める   d) 求める

(3) We are looking forward to taking an <u>overseas trip</u> to Italy.

    a) 周遊旅行   b) 一泊旅行   c) 国内旅行   d) 海外旅行

(4) The free Marunouchi <u>Shuttle Bus</u> runs around the Marunouchi area of Tokyo.

    a) 通勤バス   b) 巡回バス   c) 臨時バス   d) 路線バス

(5) "*Gassho-zukuri*" means a house built with the <u>thatched roof</u> that resembles two hands joined together in prayer.

    a) かやぶき屋根 b) かわら屋根 c) きりづま屋根 d) わらぶき屋根

(6)　座席に着き、シートベルトを<u>締めて</u>ください。

Please take your seat and _____ your seatbelt.

a) bind　　　　　b) buckle　　　c) fasten　　　d) tighten

(7)　日本円を米ドルに<u>交換</u>したいのです。

I'd like to _____ Japanese yen for American dollars.

a) exchange　　　b) replace　　　c) switch　　　d) trade

(8)　<u>大聖堂</u>内では撮影禁止です。

No photography is permitted in the _____.

a) cathedral　　　b) chapel　　　c) chantry　　　d) church

(9)　SUICA 利用者はカードをスキャナーにかざすだけで自動<u>改札口</u>を通ることができます。

SUICA users can pass through automatic _____ by holding their cards over a scanner.

a) boarding gates　b) front gates　c) main gate　d) ticket gates

(10) 逆さ富士は湖面に映る富士山の逆さまの<u>姿</u>のことです。

The "*Sakasa-Fuji*" means the inverted _____ of Mt. Fuji reflected in the lake.

a) figure　　　　b) image　　　c) picture　　　d) pose

2

[Part A] 次の (11) から (15) までの対話を完成させるために下線部分に入る最も適切な英文を、a)、b)、c) および d) の中から 1 つずつ選び、マーク欄の該当する記号を黒く塗りつぶしなさい。

(11) Passenger: My baggage didn't come out.
     Airline Ground Staff: _____

   a) Which flight were you on?

   b) Just one, this backpack.

   c) Check the back of your ticket.

   d) Keep this receipt.

(12) Front Desk Clerk: How would you like to pay?
     Guest: _____

   a) Is it that far?

   b) I'm looking for a bank.

   c) I'll pay by credit card.

   d) I don't know how to use it.

(13) Waiter: How would you like your eggs?
     Guest: _____

   a) Two eggs, please.

   b) Here you are.

   c) Sunny-side up, please.

   d) I'll take it.

(14) Tourist: What is the best way to get to Kasuga Grand Shrine?

Clerk: _____

a) No problem.

b) It's out of order.

c) You can take the city bus.

d) It's still under construction.

(15) Tourist: _____

Tour Conductor: The tour will start at 10:00 am sharp.

a) Regular or deluxe?

b) How long does it take?

c) How many hours do we ride?

d) What time does the next Osaka Castle tour leave?

[Part B] 次の (16) から (20) までの会話を完成させるために下線部分に入る最も適切な英文を、a)、b)、c) および d) の中から 1 つずつ選び、マーク欄の該当する記号を黒く塗りつぶしなさい。

(16) Tourist: How much are the programs for tonight's concert?

Clerk: They are 20 dollars each, sir.

Tourist: _____

　a) It's starting now.

　b) I'm sorry I'm late.

　c) I'll take two, please.

　d) I'd like a seat close to the stage.

(17) Tourist: Oh, no. _____

Look, one wheel has come off.

Airline Ground Staff: You'll need to fill in a Property Irregularity Report form, so you can get money from your insurance.

Tourist: I hope I can get enough to have it fixed, or to buy a new one.

　a) My camera broke when I fell.

　b) My suitcase has been damaged.

　c) My shirt got ketchup spoiled on it.

　d) Mu suit was ruined by the cleaners.

(18) Server: Hello. _____

Tourist: Yes, could I get two orders of fried chicken with French fries?

Server: Sure. That's be $12.00. You can pick up your meals from that counter over there.

　a) Can you check if the change was correct?

　b) Would you like to try something on?

　c) Have you finished yet?

　d) Are you ready to order?

(19) Customer: This beautiful folding fan is a perfect souvenir for my mother. She'll love it.

Shop Clerk: And it's on sale now at 30% off.

Customer: Ok, then, _____

a) I'll bring an extra one.

b) I'll take it.

c) I'm just looking.

d) I'm lost.

(20) Staff: Would you like a souvenir photo of your visit to *Ninja* Village. Only 1,000 yen. You can choose your *Ninja* (a Japanese spy in feudal times) black costume.

Tourist: _____

Staff: Up to six people per photo. And you can all choose your own costume.

a) How many people can we have in one picture?

b) Is there an additional charge for luggage?

c) Can we get rooms on the same floor?

d) Do we all have to order the same course?

3

次の文章を完成させるために、a)、b)、c) および d) を並べ換え、下線部分にある (21) から (25) に入る最も適切なものを選び、マーク欄に該当する記号を黒く塗りつぶしなさい。

Many people like to go shopping when they travel. With new stores and new items, shopping can be as much fun as sightseeing. Some people enjoy exploring the stores and fashions of places they visit. They ＿＿＿＿＿ ＿＿＿＿＿(21) ＿＿＿＿＿ ＿＿＿＿＿, looking for interesting things that are unique, cheap, or just different. Clothes can be great souvenirs. Every time you wear ＿＿＿＿＿ ＿＿＿＿＿ ＿＿＿＿＿ (22) in Paris or New York or Barcelona, you can remember your trip.

Many tourists also shop for gifts for friends or relatives back home. A trip abroad is a happy opportunity, and many people want to share the experience. So they buy gifts. This is especially true of tourists from many East Asian countries. For that reason, they often ＿＿＿(23) ＿＿＿＿＿ ＿＿＿＿＿ ＿＿＿＿＿ on trips, returning home with their suitcases full of things they bought for other people.

I love shopping on trips, and my favorite place to shop for gifts and souvenirs is supermarkets. I rarely use the duty-free shops at airports, but I always make a stop at a supermarket the day before I return from a trip abroad. On ＿＿＿＿＿ ＿＿＿(24) ＿＿＿＿＿ ＿＿＿＿＿ Finland, I found lots of wonderful souvenirs at the supermarket. I bought some local ＿＿＿(25) ＿＿＿＿＿ ＿＿＿＿＿ ＿＿＿＿＿, a kind of berry that grows in arctic regions. Cloudberry jam is not usually available where I live, so my friends were happy to have a chance to taste it.

(21) a) clothes　　　b) themselves　　　c) for　　　d) buy

(22) a) something　　b) bought　　　c) you　　　d) that

(23) a) of　　　　　b) a lot　　　c) money　　　d) spend

(24) a) a　　　　　b) trip　　　c) to　　　d) recent

(25) a) cloudberries　b) made　　　c) jam　　　d) from

4

[Part A] 次の資料を読み、(26) から (30) の問いに対する最も適切な答えを
a)、b)、c) および d) の中から 1 つずつ選び、マーク欄の該当する記号を黒く塗り
つぶしなさい。

Welcome to our restaurant over the clouds.
In order to ⎡ ① ⎤ you with the best tastes of the world and
our traditional specialties, our expert chefs prepare our
carefully selected menus using only fresh ingredients.
We hope that the tastes in your mouth will last beyond your journey.

Bon appétit ...

Menu

First Service
Smoked salmon
French green bean salad with yoghurt

Please choose from our selection;
Stuffed eggplant with minced beef
Tomato sauce / rice

or

Chicken brochette
Sautéed leaf spinach/ rice

Sour cherry cake

Second Service
Yoghurt

Breakfast selection
White cheese / marinated black and green olive

Scrambled eggs
Turkey ham & cheese on toast
Grilled tomato and green pepper

Oven-fresh bread selection
Butter / jam

Above selections do not contain pork products.
We apologize if occasionally your selection is not available.
Meal service is not available during takeoff and landing periods.
Thank you for your understanding.

(26) Choose the most appropriate word for 　①　.

    a) charge   b) permit   c) include   d) entertain

(27) The airline company serves ＿＿＿＿＿＿＿＿＿＿ during the flight.

    a) an all-you-can-eat menu

    b) an à la carte menu

    c) dinner and breakfast

    d) one meal and some refreshments

(28) At the first choice, passengers can choose ＿＿＿＿＿＿＿＿＿＿.

    a) either salmon or beef

    b) one main dish from among four choices

    c) either eggplant or spinach

    d) either chicken or beef

(29) Which is TRUE about the second service?

    a) The breakfast selection includes scrambled eggs.

    b) Yoghurt is served with jam.

    c) Passengers can choose their favorite things from breakfast selection.

    d) Scrambled eggs come with a couple of items.

(30) Which is FALSE about the in-flight meals?

    a) 機内食には豚肉は使用していない。

    b) メニューに書いてある選択ができない場合もある。

    c) 出発前にウェブページで食事の選択が可能である。

    d) 離着陸時には食事のサービスはできない。

[Part B] 次の資料を読み、(31) から (35) の問いに対する最も適切な答えを a)、b)、c) および d) の中から 1 つずつ選び、マーク欄の該当する記号を黒く塗りつぶしなさい。

Awa Jurobe Yashiki Puppet Theater and Museum

Awa Ningyo Joruri is a [　①　] performance art of Tokushima using puppets made of paulownia or cypress wood. The lifelike movement of the puppets combined with [　①　] music is a unique entertainment experience.

Address or Location	Miyajima Motoura 184, Kawauchi-cho, Tokushima City, Tokushima Prefecture
Phone	088-665-2202
Fax	088-665-3683
Opening Hours	9:30-17:00 (extended to 18:00 from July 1st to August 31st)
Closed	December 31st to January 3rd
Fees	Adults: 410 yen, High school/College students: 310 yen, Elementary school/Junior high school students: 200 yen
URL	http://joruri.info/jurobe/ (Both in Japanese and English)
[　②　]	By car: Approx. 20 min from Tokushima Airport.
	Approx. 15 min from JR Tokushima Station.
	Approx. 5 min from Tokushima Interchange.
	Approx. 20 min from Naruto Interchange.
	By bus: Approx. 20 min by the Tokushima Municipal Bus Route 7 from the Tokushima Ekimae bus stop.

*Inquiries by phone or fax must be made in Japanese.

写真提供：徳島県立阿波十郎兵衛屋敷

(31) Choose the most appropriate word for ①.

    a) wonderful   b) traditional   c) convenient   d) regular

(32) Choose the most appropriate word for ②.

    a) Destination   b) Direction

    c) Transportation   d) Accommodations

(33) The theater closes _____.

    a) on every Monday

    b) during New Year season

    c) once in a while

    d) when conferences are held

(34) Which is TRUE about the information?

    a) Opening hours are extended in summer.

    b) Elementary school students can enter free of charge.

    c) Home page is available in Japanese only.

    d) College students get a 200 yen discount.

(35) Which is FALSE about the information?

    a) 自家用車を利用の際には徳島インターチェンジで高速を降りる。

    b) 徳島市営のバスが利用できる。

    c) 徳島駅から車で約 15 分の距離にある。

    d) 電話での問い合わせは英語でも可能である。

[Part C] 次の資料を読み、(36) から (40) の問いに対する最も適切な答えを a)、b)、c) および d) の中から 1 つずつ選び、マーク欄の該当する記号を黒く塗りつぶしなさい。

Information Clerk: Hello. Welcome to the Asakusa Culture and Tourism Center. How may I help you?

Tourist: We would like your ___(36)___ on some places to visit near here.

Information Clerk: Certainly. Here is a walking map of the area. We are located here, in front of Kaminarimon. I'd recommend you go up to the view terrace and tearoom on the 8th floor of this building. From there you'll have an excellent ___(37)___ of the area. You'll be able to see a number of these popular tourist spots ___(38)___ on the map.

Tourist: That sounds like a good idea. We can get our sense of ___(39)___ and get a bird's-eye view of the area. Can we see Tokyo Skytree as well?

Information Clerk: Yes, of course. You can't miss it. The elevator is right over there. Please enjoy your ___(40)___ in Japan!

Tourist: Thank you very much.

(36) Choose the most appropriate word for _____(36)_____.

    a) restrictions   b) opinion

    c) support   d) recommendations

(37) Choose the most appropriate word for _____(37)_____.

    a) time   b) attraction

    c) view   d) date

(38) Choose the most appropriate phrase for _____(38)_____.

    a) accepted here   b) under here

    c) close here   d) shown here

(39) Choose the most appropriate word for _____(39)_____.

    a) fulfillment   b) feeling

    c) direction   d) movement

(40) Choose the most appropriate word for _____(40)_____.

    a) stay   b) flight

    c) tourism   d) excitement

5

[Part A] 次の (41) から (45) までの英文を読み、下線部分に入る最も適切な答えを a)、b)、c) および d) の中から 1 つずつ選び、マーク欄の該当する記号を黒く塗りつぶしなさい。

(41) High up in the Andes, at an altitude of 2,430 meters, _____ is a 15th century Inca ruin located in Urubamba Province in Peru. It is the most famous example of historical Inca culture. Famously difficult to get to, it is designated as a UNESCO World Heritage site, and manages to attract over a million visitors annually.

    a) Chichen Itza   b) Rapa Nui

    c) Nazca Lines   d) Machu Picchu

(42) _____ is a beautiful natural wonder in northern Vietnam near the Chinese border. The bay is dotted with 1,600 limestone pillars and tiny islets in various shapes and sizes. _____ is an impressive geographical formation in northern Vietnam. The best way to experience this landscape is by boat.

    a) Ha Long Bay   b) Ormoc Bay

    c) Phang Nga Bay   d) The Bay of Bengal

(43) India is a large country in South Asia. It is becoming more and more popular with tourists. For tourists there are many attractions such as the _____, an immerse mausoleum of white marble. It was built in Agra City between 1631 and 1648 by the order of Mughal Emperor Shah Jahan in memory of his favourite wife. It was built in the Mughal style, a combination of Indian, Persian and Islamic influences.

    a) Akbar's tomb   b) Great Pyramid

    c) Humayun's Tomb   d) Taj Mahal

(44) _____ are popular food items in many countries, especially in Europe, China and Japan. Porcini, Portobello, *shiitake*, and even the famous black and white truffles are all examples of this group of vegetable.

a) Beverages   b) Grains

c) Mushrooms   d) Radishes

(45) _____ food and drink are acceptable for Muslims under Islamic dietary laws. There are rules for food that can and cannot be eaten. For example, Muslims do not eat pork. Food varies from place, but a typical meal might consist of vegetable dishes and rice.

a) Allergic   b) Halal

c) Spicy   d) Vegetarian

[Part B] 次の (46) から (50) までの英文を読み、下線部分に入る最も適切な答え
を a)、b)、c) および d) の中から 1 つずつ選び、マーク欄の該当する記号を黒く
塗りつぶしなさい。

(46) _____ Castle is popularly known as Shirosagi-jo or Hakuro-jo
because the whole structure, from the five-story donjon to the walls,
is plastered in white. It resembles the silhouette of a large egret with
its white elegance which often can be seen flying over the plain.
The main tower appears to be only five stories from the outside but
actually has seven floors on the inside.

    a) Inuyama   b) Hikone

    c) Himeji   d) Matsumoto

(47) _____ Peninsula, facing Ise Bay of the Pacific Ocean, is located
in southern Mie Prefecture. The peninsula has some beautiful scenery
in and around the bays of Toba and Ago, which area called the "bays
of pearls". At the Mikimoto Island female divers called "*ama*" pick
up the oyster shells containing pearls from the seafloor.

    a) Chita   b) Oga

    c) Oshima   d) Shima

(48) _____ is one of Japan's "three best landscape gardens". This
garden used to be the site of Lord Maeda's mansion. It has three
artificial hills and two ponds, and nearby is a famous stone lantern, a
symbol of the garden, that stands with one foot in the water and the
other on an islet.

    a) Kenrokuen   b) Korakuen

    c) Kairakuen   d) Sankeien

(49) _____ is powdered green tea served mainly in the tea ceremony. This tea is prepared by pouring hot water over the powdered green tea and blending it with a bamboo whisk. This tea has two kinds of tea; thick, pasty tea and thin, foamy tea in the tea ceremony.

a) Bancha

b) Gyokurocha

c) Matcha

d) Sencha

(50) _____ is observed for four days to welcome the souls of the departed ancestors who return to visit their homes. The ancestral spirits are invited to their homes on the evening of the 13th and escorted back to the other world on the evening of the 16th. People go back to their hometowns and visit their family graves.

a) Obon

b) Ohigan

c) Ojuya

d) Omiya-mairi

6

次の写真に関する説明文を聴いて、それぞれの状況を最も的確に表しているものを a)、b)、c) および d) の中から 1 つずつ選び、マーク欄の該当する記号を黒く塗りつぶしなさい。(実際の試験では問題はすべて 2 回放送されますが、付属音声では 1 回のみ収録)

🔊 26 (51)

🔊 27 (52)

(53)

(54)

(55)

第2回試験

7

次のイラストに関する説明文を聴いて、その内容を最も的確に表しているものを
a)、b)、c) および d) の中から1つずつ選び、マーク欄の該当する記号を黒く塗
りつぶしなさい。(実際の試験では問題はすべて2回放送されますが、付属音声で
は1回のみ収録)

(56)

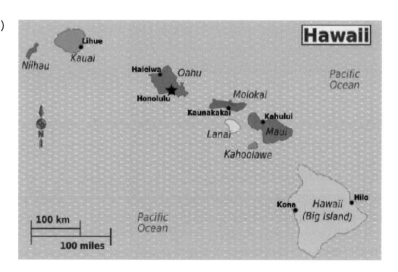

(57)

33 (58)

MUSEUM ADMISSION

No Extra Charge for Special Exhibitions

Adults	$25
Seniors 65 and over	$17
Students	$12
Members Join Today!	FREE

Children 12 and under is free.

34 (59)

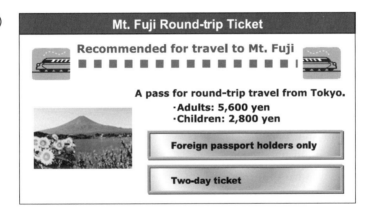

Mt. Fuji Round-trip Ticket

Recommended for travel to Mt. Fuji

A pass for round-trip travel from Tokyo.
- Adults: 5,600 yen
- Children: 2,800 yen

Foreign passport holders only

Two-day ticket

35 (60)

8

次の問いかけを聴いて、それに対する最も適切な応答を、a)、b)、c) および d) の中から1つずつ選び、マーク欄の該当する記号を黒く塗りつぶしなさい。問題はすべて2回放送されます。

🔊 36 (61) a) A typhoon is on its way to this area.
　　　 b) Let me check the duty-free catalog.
　　　 c) I'm sorry. Let me restart your system.
　　　 d) We have snacks for the children.

(62) a) You can buy tickets at the front desk.
　　 b) Certainly. For how many people?
　　 c) I would bring an umbrella just in case.
　　 d) Thank you for staying with us.

(63) a) Any time before noon.
　　 b) Just after check-in.
　　 c) That's about two hours.
　　 d) There will be no further delays.

(64) a) The fare is 350 pesos.
　　 b) The seaplane is broken.
　　 c) Just around the corner.
　　 d) There are three sailings a day.

(65) a) I'm available the day after tomorrow.
　　 b) To the metro. I'm late for my train.
　　 c) I'm from Yamagata.
　　 d) The show begins at 7:00 pm.

(66) a) No, you won't like it.

b) No, I sit on the table.

c) Yes, open that.

d) Yes, please.

(67) a) Yes, I booked online.

b) The service was excellent.

c) Here is my baggage.

d) Yes, I travel to Japan often.

(68) a) Rice crackers are an excellent choice.

b) The pottery is very expensive.

c) It's a tradition to give something.

d) There is one in the hotel lobby.

(69) a) They may last for several days.

b) The weather is perfect!

c) It's a tradition in Japan.

d) Actually, no. I've seen many.

(70) a) You will need a boarding pass and customs declaration form.

b) You must go to Immigration after check-in.

c) Security is checked before Immigration.

d) Immigration was cleared before Security.

9

次の会話を聴いて、それぞれの内容に関する質問の答えとして最も適切なものを a)、b)、c) および d) の中から 1 つずつ選び、マーク欄の該当する記号を黒く塗りつぶしなさい。(実際の試験では問題はすべて 2 回放送されますが、付属音声では 1 回のみ収録)

37 (71) a) 1
   b) 2
   c) 3
   d) 4

38 (72) a) A hotel clerk.
   b) A taxi driver.
   c) An immigration officer.
   d) An airline check-in counter clerk.

39 (73) a) A single room.
   b) A double room.
   c) A twin room.
   d) An extra night.

40 (74) a) An early wake-up call.
   b) An early breakfast.
   c) An early check-out.
   d) An early flight.

41 (75) a) 6:45
   b) 7:00
   c) 7:15
   d) 7:30

(76) a) A later train.

      b) A local train.

      c) An express train.

      d) A different station.

(77) a) The band is late.

      b) Someone is injured.

      c) The pool is closed.

      d) Someone left the beach.

(78) a) On a bus.

      b) On a plane.

      c) In a taxi.

      d) In an office.

(79) a) By taxi.

      b) By bus.

      c) By train.

      d) On foot.

(80) a) To access the Internet.

      b) To take a train.

      c) To find a hotel.

      d) To get a password.

第2回試験

10

次の **[Part A]** と **[Part B]** を聴いて、それぞれ英会話の内容に関する質問の答え
として最も適切なものを a)、b)、c) および d) の中から１つずつ選び、マーク欄
の該当する記号を黒く塗りつぶしなさい。（実際の試験では問題はすべて２回放送
されますが、付属音声では１回のみ収録）

47 **【Part A】**

(81) a) It was low season.

b) It was overbooked.

c) They wanted to see sea turtles.

d) They wanted to have nice weather.

(82) a) Over 900 kilograms.

b) Over 90 kilograms.

c) Over 19 kilograms.

d) About 9 kilograms.

(83) a) Enjoy sunbathing.

b) Do training to get a scuba diving license.

c) Go to the spa.

d) Try fishing.

(84) a) A few days.

b) A few weeks.

c) About a week.

d) Two nights and three days.

(85) a) Return to the boating center.

b) Book a flight to the Great Barrier Reef.

c) Check-in.

d) Proceed to Customs.

[Part B]

(86) a) To Enoshima.

    b) To go to see Mt. Fuji at sunset.

    c) To participate in volunteer work.

    d) To take the Enoden Line.

(87) a) To have a BBQ on the beach.

    b) To clean up a section of the beach.

    c) To visit historic sites in Kanagawa.

    d) To enjoy traveling around Kanagawa.

(88) a) Lunch is provided to all volunteers.

    b) Train costs are included in the program.

    c) The program is only for volunteers.

    d) Only Enoden tickets are included.

(89) a) Several other beaches.

    b) Some shrines and natural places of interest.

    c) Only the beach is a sightseeing attraction.

    d) Kanagawa has many interesting places.

(90) a) Visit Kamakura.

    b) Go back to the hotel.

    c) Enjoy a walk on the beach.

    d) Have a BBQ lunch.

第2回試験

筆記試験

1 観光用語の問題

【Part A】

（1）**正解** **a）** 「**申告する**物がありますか」

解説 declare「（税関で課税品を）申告する」▶ Do you have anything to *declare*?「申告するものがありますか」（= Is there anything to *declare*?）①申告する物がある場合、Yes, I have something to *declare*. 日常会話では単に Yes, I do. と返答する。②申告する物がない場合、No, I don't have anything to *declare*. または No, I have nothing to *declare*. と言う。日常会話では単に No, nothing. または No, nothing in particular. と返答する場合が多い。

参考 b）「（犯罪で）告訴する」accuse a person (of a crime)
　　　 c）「（罪を）告白する」confess (one's crime)
　　　 d）「予告する」notify [announce] beforehand

（2）**正解** **c）** 「このホテルは 1,200 人以上を**泊める**ことができます」

解説 accommodate「泊める、（客を）宿泊させられる」▶ How many guests can this hotel *accommodate*?「このホテルには何人の客が宿泊できますか」
☆ accommodation「宿泊施設」▶ This hotel has great *accommodations* for 3,000 guests.「このホテルには 3,000 人以上用の宿泊施設があります」

参考 a）「（ボタンを）留める」fasten (buttons)
　　　 b）「（交通を）止める」hold up [interrupt] (the traffic)
　　　 d）「（助けを）求める」ask for (help)

（3）**正解** **d）** 「私たちはイタリアへの**海外旅行**を楽しみにしています」

解説 overseas trip「海外旅行」（= overseas tour [travel]）▶ How often do you make an *overseas trip* in a year?「1 年にどのくらい海外旅行をなさいますか」　*overseas* business *trip*「海外出張」☆ overseas [OVS]「海外の、外国の、国際線の」。同意語は international。▶ *overseas* student「(海外からの) 留学生」(= international student) student *overseas*「(海外への) 留学生」

参考 a)「周遊旅行」circle [circular] trip
b)「一泊旅行」overnight trip
c)「国内旅行」domestic trip

(4) 正解 **b)** 「丸の内無料**巡回バス**が東京の丸の内地区を周回しています」

解説 **shuttle bus**「巡回バス」。shuttle bus は次の2つの意味でよく用いられる。① shuttle bus to and from the airport「空港近距離往復バス」。大きな空港のターミナルで定期的に往復する [ぐるぐる回る] バス。空港で予約なしで受け付け、先着順に乗車できるバス。② shuttle bus to and from the hotel「ホテル送迎用の往復バス」空港とホテル (またはショピング・センターなど) の間を結ぶ無料 (または有料) のバス。a free shuttle bus between the hotel and the airport とも言う。

参考 a)「通勤バス」commuter bus
c)「臨時バス」temporary [special; extra] bus
d)「路線バス」route bus

(5) 正解 **a)** 「合掌造とは手を合わせて祈る姿に似ている**かやぶき屋根**で建てられた家のことです」

解説 **thatched roof**「かやぶき (茅葺き) 屋根」(= a thatch-covered roof) ▶ Ouchi-juku has some 40 houses with traditional *thatched roofs* built in the Edo period. Ouchi-juku has been designated as an Important Preservation District for Groups of Traditional Buildings.「大内宿 (宿場町) は江戸時代に建てられたかやぶき屋根の家屋が約 40 軒並んでいる。当地は重要伝統的建造物群保存地区に選定されている」《福島県》

参考 b)「かわら (瓦) 屋根」a tiled roof
c)「きりづま (切妻) 屋根」a gable(d) roof
d)「わらぶき (藁葺き) 屋根」a straw-thatched roof

【Part B】

(6) 正解 **c)** Please take your seat and **fasten** your seatbelt.

解説 **fasten** 「ベルトなどを締める」。fasten（発音に注意。t は発音しない）tie や bind よりも一般的な単語である。▶ *fasten* the buttons on the coat「コートのボタンを留める」(= *fasten* up one's coat) Please check to see that your seatbelt is *fastened* and your seat is upright.「座席ベルトを締めて座席の背をまっすぐに戻したかどうかを確かめてください」

参考 a) bind「(手を) 縛る」bind (one's hands)
b) buckle (up)「(ベルトをぎゅっと) 締める」buckle (a blet)
d) tighten「(ねじを) 締め付ける」tighten (a screw)

(7) 正解 **a)** I'd like to **exchange** Japanese yen for American dollars.

解説 **exchange**「(外貨と) 交換する、両替する (into)」▶ *exchange* yen for dollars「円をドルと両替する」(= change yen into dollars) *exchange* dollars at 110 yen「1 ドル 110 円で両替する」 Where can I *exchange* [change] money?—At the cashier, over by the front desk.「両替はどこでできますか—フロントの向こうの会計でできます」☆ exchange「交換する」ものが 2 つ [2 人] 以上の場合、目的語が可算名詞であれば複数形を用いる。▶ Would you exchange seats with me [for mine]?「私と座席を交換してもらえますか」

参考 b) replace「(A と B を) 取り替える」replace (A with [by] B)
c) switch (to)「(他のチャンネルに) 切り替える」switch (to another channel)
d) trade「(贈り物を) 交換する」trade (gifts)

(8) 正解 **a)** No photography is permitted in the **cathedral**.

解説 **cathedral**「大聖堂」。司教（bishop）の座る椅子（ギリシャ語のカテドラ [座席]）が置かれている聖堂をカテドラル（cathedral 司教座聖堂）と言う。長崎では 1962 年日本最大規模のカトリック教会である浦上教会（Urakami Cathedral）がカトリック長崎大司教区の司教座聖堂となっている。

参考 b) chapel「礼拝堂」(個人的に設けられた祈りの場)
c) chantry「小礼拝堂」(教会堂付属のチャペル)
d) church「教会」(キリスト信者が集まって典礼を行い、祈りを捧げる場所)

(9)　**正解**　**d)**　SUICA users can pass through automatic **ticket gates** by holding their cards over a scanner.

解説 ticket gates「改札口」(= a ticket barrier; a ticket wicket; an entrance gate) ☆ a turnstile「回転式改札口」。an automatic ticket gate [wicket]「自動改札口」と a manned ticket gate「有人改札口」に大別される。

参考 a) boarding gates「搭乗ゲート、搭乗口」
　　　b) front gates「正面ゲート、表門」
　　　c) main gate「正門」

(10)　**正解**　**b)**　The "*Sakasa-Fuji*" means the inverted **image** of Mt. Fuji reflected in the lake.

解説 image「姿、像、映像」☆「逆さ富士」① an inverted image of Mt. Fuji (reflected on the water) ② an inverted reflection of Mt. Fuji (seen on the surface of the water) ③ reflection of Mt. Fuji(san) (which means the inverted image of Mt. Fuji reflected in the waters)　箱根の芦ノ湖また富士五湖（ユネスコ世界遺産）の１つである河口湖は特に有名である。 ☞ **Column 05**　富士山 (p.126)

参考 a) figure「容姿、形態」
　　　c) picture「絵、絵画」
　　　d) pose「ポーズ、姿勢」

富士山

Mt. Fuji straddling the border between Yamanashi and Shizuoka prefectures was designated as a "cultural" rather than "natural" heritage site and registered under the title of "Mt. Fuji; Object of Worship, Wellspring of Art."

Mt. Fuji, the highest mountain in Japan with a beautiful cone shape, has been worshipped as a sacred mountain and experienced big popularity among poets and artists throughout centuries.

Mt. Fuji, a national symbol of Japan, has often been selected as the subject of literature and paintings, and helped nurture Japan's unique culture. The beauty of Mt. Fuji has often been praised by Tanka and Haiku poets, and depicted by painters. One of the most famous artists is Katsushika Hokusai, a noted Ukiyo-e painter in the Edo period, who created "Fugaku Sanjurokkei (thirty-six views of Mt. Fuji)", a series of Ukiyo-e painting of various views of the mountain. It has been a favorite theme for Japanese poets and artists since ancient times.

Many people dream of standing on the summit at least once in their lifetime to watch the sunrise called Goraiko from the top of the mountain.

山梨県と静岡県にまたがる富士山は、「自然」遺産ではなく「文化」遺産として指定され「富士山：信仰の対象と芸術の源泉」の名で世界遺産に登録されました。

美しい円錐形の日本最高峰富士山（標高3776m）は、霊山として崇敬され、幾世紀に及んで詩人や芸術家の間で非常な人気を博してきました。

日本国のシンボルである富士山は、往々にして文学や絵画の題材として選ばれ、日本の固有な文化を育むのに一役かってきました。富士山が有する優美さは、頻繁に短歌や俳句の詩人によって賞賛され、画家によって描かれてきました。その著名な芸術家の1人に、富士山の種々の景観を描いた浮世絵の連作である「富岳三十六景」を創作した、江戸時代の画家、葛飾北斎がいます。古来長きにわたり日本の詩人や芸術家にとって恰好のテーマでした。

富士山頂からご来光と呼ばれる日の出を見るために人生に一度は頂上に立つことを夢みる人は多数います。

『英語で伝える日本の文化・観光・世界遺産』（山口百々男著、三修社）より

【Part A】

(11) 正解 **a)** 旅客：私のスーツケースが出てこなかったのです。

空港の地上勤務職員：**どの便に乗っていましたか。**

解説 **空港** 旅客は飛行機を降り、手荷物受取所で自分の荷物がベルトコンベアから出てこないことを告げる。職員がまず聞くことは、乗客が乗ってきた飛行機の便名である。したがって a) が正解。Which flight did you take? といった表現もある。

参考 b)「1つだけで、このバックパックです」

c)「チケットの裏面をお調べください」

d)「この領収書を保管してください」

☆ come out「出てくる」 the back (of the ticket)「（チケットの）裏面」

(12) 正解 **c)** 受付係：お支払いはどのようになさいますか。

宿泊客：**クレジットカードで支払います。**

解説 **ホテルのフロント** 受付係が宿泊客に対して支払い方法を尋ねている。選択肢を見ると、pay（支払い）に関する方法を述べているのは1つ (credit card) のみである。したがって c) が正解。

参考 a)「遠いですか」

b)「銀行を探しています」

d)「使用法がわかりません」

☆ pay (paid, paid)「支払う」 look for (a bank)「（銀行を）探す」

(13) 正解 **c)** 給仕：タマゴはどのようになさいますか。

顧客：**片面の目玉焼きにしてください。**

解説 **レストラン** 給仕が顧客に対してタマゴの料理法を尋ねている。選択肢を見るかぎりでは片面の目玉焼きのみが該当する。したがって c) が正解。

参考 a)「タマゴ2個をお願いします」

b)「はい、どうぞ」

d)「それを頂きます」

☆ Here you are.「はい、どうぞ」

(14) **正解** **c)** 旅客：春日大社への最良の行き方は何ですか。

　　　　　　　係員：**市バスが利用できます。**

解説 **観光案内所** 旅客は神社に行く一番よい方法を尋ねている。行く方法として公共交通機関の具体的手段を案内している c) が正解。

参考 a)「大丈夫です」

　　　b)「故障中です」

　　　d)「まだ建設中です」

　　　☆ get to (the shrine)「着く」 out of order「故障中」 under construction「建設中」

(15) **正解** **d)** 観光客：次の大阪城観光は何時に出発しますか。

　　　　　　　添乗員：ツアーは午前 10 時ちょうどに出発します。

解説 **バスターミナル** 添乗員は「次の観光の出発時間は午前 10 時だ」と知らせている。予測できる質問としては、ツアーの出発時間である。したがって d) が正解。

参考 a)「標準それともデラックスですか」

　　　b)「所要時間はどれくらいですか」

　　　c)「何時間ほど乗車しますか」

　　　☆ (at 10:00 am) sharp「(午前 10 時) きっかり、ぴったり」 ride (rode, ridden)「(乗り物に) 乗る、馬に乗る」

【Part B】

(16) **正解** **c)** 旅客：今夜のコンサートのプログラムはいくらですか。

　　　　　　　係員：各々 20 ドルです。

　　　　　　　旅客：**プログラムを 2 つ頂きます。**

解説 **劇場** コンサートのプログラムを購入する状況である。旅客はプログラムの値段を尋ねている。係員は 1 冊 20 ドルだと返答する。選択肢を見ると、必要冊数を答えている c) が正解。

参考 a)「現在始まっています」

　　　b)「遅れて申し訳ございません」

　　　d)「舞台近くの席をください」

　　　☆ (a seat) close to (the stage)「(舞台に) 近接した (座席)」

(17) **正解** **b)** 旅行者：おやおや。**私のスーツケースが損傷しました。**見てください。車輪が1つはずれています。

空港職員：手荷物事故報告書にご記入してくだされば、お客様の保険で金銭補償されます。

旅行者：願わくは、荷物の修理あるいは新品の購入ができるだけの十分な補償があればよいのですが。

解説 **空港** 旅行者が手荷物受取所で手荷物を受け取る場面である。「車輪がはずれた」と言っているので車輪がついた何かが破損したと推測できる。したがって b) が正解。

参考 a)「カメラを落とした時壊れました」

c)「シャツがケチャップで汚されました」

d)「スーツがクリーニング店にだめにされました」

☆ come off「はずれる、～からとれる」property irregularity report「手荷物事故報告書」insurance「保険」 fix「修理する」 damage「損害を与える、傷つける」 spoil「汚す」 ruin「台なしにする」

(18) **正解** **d)** 給仕：よろしいですか。**ご注文はお決まりでしょうか。**

観光客：はい、フライドポテト付きの鶏の唐揚げを2つ注文できますか。

給仕：かしこまりました。12ドルです。向こうのほうのカウンターから食事を受け取れます。

解説 **レストラン** 観光客は食べ物を注文している（Could I get two orders ...?）。注文する前に給仕が言うべき決まり文句を選ぶ。また選択肢を見ると order（注文する）という単語がある。したがって d) が正解。

参考 a)「おつりは正しいかどうかをお調べください」

b)「何か試食なさいますか」

c)「お済みになりましたか」

☆ pick up (meal)「(食事 [食べ物] を) 受け取る」 correct「正しい」 try on「試食 [試着] する」 be ready to (order)「(注文する) 用意ができている」

(19) **正解** **b)** 顧客：この美しい扇子は母への最高のお土産です。きっと気に入るでしょう。

店員：それに今は30％割引で販売しています。

顧客：いいですね。それじゃ、**これを頂きます。**

解説 **土産物店** 顧客は、母への土産とする扇子を購入しようか検討している。店員は、今なら割引があり、買い時だと告げる。顧客は、買うのか、買わないのか、いずれかを返答することが問われる。選択肢を見ると購入する時の決まり文句がある。したがって b) が正解。

参考 a)「別なものをお持ちします」

c)「ちょっと見ているだけです」

d)「私は迷っています」

☆ folding fan「扇」 (be) on sale「発売中である」 extra (charge)「別な（料金）」

(20) **正解** **a)** スタッフ：忍者村に訪れた土産写真はいかがですか。千円だけです。忍者の黒衣を選べますよ。

観光客：**1枚の写真には何名が入れますか。**

スタッフ：写真毎に6名までです。しかも全員が自分の衣装を選ぶことができます。

解説 **忍者村** スタッフは、土産用に記念写真を撮ることを勧める。観光客は関心を示して何かを尋ねている。スタッフは、すかさず写真には6名まで入れると告げている。したがって、観光客の質問は人数について尋ねている a) が正解。

参考 b)「荷物用には追加料金がありますか」

c)「同じフロアに部屋が取れますか」

d)「私たち全員は同じコースを注文しなければなりませんか」

☆ up to (six people)「(6人) まで」 additional (charge)「追加（料金）」

(21) **正解** **a)** They buy **clothes for themselves**, looking for interesting things that are unique, cheap, or just different.

ユニークで安価な、あるいはちょっと人とは違った興味を引くものを探しながら、彼らは**自分のために衣装を購入する。**

解説 「主語（They）＋動詞（buy）＋目的語（clothes）」の基本文型を理解すること。目的を表す前置詞 for「のために」があり、themselves は They と関連する。for oneself は「自分のために」という熟語である。▶ He studied English *for himself*. 「彼は自分のために英語を学んだ」

(22) **正解** **b)** Every time you wear **something that you bought** in Paris or New York or Barcelona, you can remember your trip.

パリやニューヨークあるいはバルセロナで**あなたが購入した物**を着用するたびに、あなたは自分の旅を思い出すことがきる。

解説 「主語（you）＋動詞（wear）＋目的語（something）」の基本文型を理解すること。that は目的格の関係代名詞であり、その前にある名詞（先行詞と言う）を説明する。この場合、something は関係代名詞節の先行詞であり、you wear の目的語である。that は which とも言う。しかし先行詞が something、anything、everything などの場合は that を使用する傾向がある。▶ Is there anything *that* you need? 「何か必要なことがありますか」

(23) **正解** **d)** For that reason, they often **spend a lot of money** on trips, returning home with their suitcases full of things they bought for other people.

そのような理由があるため、彼らはしばしば旅行に**多くのお金を使って**、他人のために買った物をスーツケースいっぱいにして帰国する。

解説 「主語（They）＋動詞（spend）＋目的語（money）」の基本文型を理解すること。spend money (on ～)「（～に）お金を使う［かける］」という意味である。▶ *spend money on* books「書物にお金を使う」。a lot of (books) は「多くの（本）」（= many books; lots of books）いう熟語である。many や much とは異なり a lot of は「加算名詞」（a lot of cars）また「不加算名詞」（a lot of time）にも用いる。

(24) **正解** **d)** On **a recent trip to** Finland, I found lots of wonderful souvenirs at the supermarket.

フィンランド**への最近の旅**の途中で、私はスーパーマーケットで素敵なお土産をたくさん見つけた。

解説 on a trip to (Kyoto)「(京都)への旅行で、(京都)への旅行の時に」という副詞句の熟語に着眼すること。形容詞 recent「最近の、近頃の」は名詞 trip「旅行」を修飾する。▶ *recent* news「最近のニュース」

---

(25) **正解** **c)** I bought some local **jam made from cloudberries**, a kind of berry that grows in arctic regions.

北極地域で成育するベリーの１種である**クラウドベリーから作った**地元の**ジャム**を購入した。

解説 選択肢を見ると made from「から作る」という語句に着眼すること。この設問の文に続いて Cloudberry jam is not usually available where I live「クラウドベリージャムは私の住む所では通常入手できない」と述べている。したがって local jam made from cloudberries となる。cloudberries「クラウドベリー」はホロムイイチゴ (キイチゴの１種) のことである。

【Part A】

(26) 「| ① | に該当する最も適切な単語を選びなさい」

正解 **d）** **entertain**「もてなす」

解説 世界有数の味と伝統的な自慢料理を you（客）に対してどうするのかを考える。したがって d) が正解。

参考 a) charge「請求する」 b) permit「許可する」 c) include「含む」

---

(27) 「航空会社は飛行中 ＿＿＿＿＿＿ を提供する」

正解 **c）** **dinner and breakfast**「ディナーと朝食」

解説 資料には **First Service** (dinner) と **Second Service** (breakfast) と記載されている。したがって c) が正解。

参考 a) an all-you-can-eat menu「食べ放題のメニュー」

b) an à la carte menu「アラカルト・メニュー」（好みの料理を選ぶメニュー）

d) one meal and some refreshments「1食と茶菓」

---

(28) 「最初の選択として、乗客は ＿＿＿＿＿ を選ぶことができる」

正解 **d）** **either chicken or beef**「チキンあるいはビーフ」

解説 **First Service** 中に、Please choose from our selection: stuffed eggplant with minced **beef** or **chicken** brochette.「当機の選び抜かれた物を選んでください：ナスの牛ひき肉詰めとチキンの串焼」と記載されている。したがって d) が正解。

参考 a) either salmon or beef「サーモンあるいはビーフ」

b) one main dish from among four choices「4つから選ぶ1つのメインディッシュ」

c) either eggplant or spinach「ナスあるいはホウレンソウ」

---

(29) 「第2のサービスに関する**正しい記述**はどれですか」

正解 **d）** 「スクランブル・エッグには2品付いている」

解説 資料の **Second Service** には、Scrambled eggs の下に **Turkey ham & cheese on toast** と **Grilled tomato and green pepper** と記載されている。したがって d) が正解。

参考 以下すべて**正しくない記述**である。

a)「朝食の選択物にスクランブル・エッグが含まれている」選択物ではない。

第2回試験 解答と解説

b)「ヨーグルトはジャムと一緒に出る」ジャムはパンと一緒に提供される。

c)「乗客は朝食の選択物から好みのものが選べる」朝食は選択物はない。

(30)「機内食に関する**正しくない記述**はどれですか」

正解 **c)** 出発前にウェブページで食事の選択が可能である。

解説 資料の最後に a)、b)、d) に関する内容はあるが、c) に関する内容は記載されていない。したがって c) が正解。

参考 以下すべて**正しい記述**である。資料の最後に記載されている。

a)「機内食には豚肉製品は使用していない」。Above selections do not contain pork products.

b)「メニューに書いてある選択ができない場合もある」。We apologize if occasionally your selection is not available.

d)「離着陸時には食事のサービスはできない」。Meal service is not available during takeoff and landing periods.

【Part B】

(31)「 ① に該当する最も適切な単語を選びなさい」

正解 **b)** **traditional**「伝統的な」

解説 阿波人形浄瑠璃がどのようなパフォーマンスアートなのかを考える。選択肢の中で最適なものは b)「伝統的な」。

参考 a) wonderful「素晴らしい」

c) convenient「便利な」

d) regular「通常の」

(32)「 ② に該当する最も適切な単語を選びなさい」

正解 **c)** **Transportation**「交通手段、輸送機関」

解説 資料には、**By car** また **By bus** といった乗り物の「輸送機関［交通手段］」が記載されている。したがって c) が正解。

参考 a) Destination「目的地、行き先」

b) Direction「方向」

d) Accommodations「宿泊施設」

(33) 「劇場は ＿＿＿＿＿＿＿ は閉館する」

正解 **b）** **during New Year season**「正月休暇の期間中」

解説 **Closed** の欄に、**December 31st to January 3rd**.「**12 月 31 日から 1 月 3 日まで**」と記載されている。したがって b) が正解。

参考 a) on every Monday「毎月曜日」
　　　 c) once in a while「時々、時たま」
　　　 d) when conferences are held「会議が開催される時」

(34) 「情報に関する**正しい記述**はどれですか」

正解 **a）**　「開館時間は夏季に延長される」

解説 **Opening Hours** の欄には 9:30 –17:00 (**extended to 18:00 from July 1st to August 31st**)「開館時間は 9 時 30 分から 17 時まで（**7 月 1 日から 8 月 31 日までは 18 時に延長する**）」と記載されている。したがって a) が正解である。

参考 以下の記載は**正しくない記述**である。
　　　 b)「小学生は入場無料である」。200 円である。
　　　 c)「ウェブサイトは日本語のみ利用できる」。日本語と英語で利用可能。
　　　 d)「大学生は 200 円の割引がある」。割引はない。

(35) 「情報に関する**正しくない記述**はどれですか」

正解 **d）**　電話での問い合わせは英語でも可能である。

解説 資料の最後に Inquires by phone or fax must be made **in Japanese**.「電話や FAXでの問い合わせは**日本語で行うこと**」と記載されている。したがって d) が正解。

参考 以下すべて**正しい記述**である。資料の Transportation に記載されている。
　　　 a)「自家用車を利用の際には徳島インターチェンジで高速を降りる」
　　　 b)「徳島市営のバスが利用できる」
　　　 c)「徳島駅から車で約 15 分の距離にある」

【Part C】

(36)「　(36)　に該当する最も適切な単語を選びなさい」

　正解　**d)　recommendations**「推薦、おすすめ」

解説 観光客は付近の場所について何かをお願いしている。その後の係員の返答をみると、テラスに行き、観光スポットを見ることを勧めていることから d) が正解。

参考 a) restrictions「制限」　b) opinion「見解」　c) support「支援」

(37)「　(37)　に該当する最も適切な単語を選びなさい」

　正解　**c)　view**「眺望、眺め」

解説 8 階のテラスから得られるものと考えると c) が正解。

参考 a) time「時間」　b) attraction「魅力」　d) date「日程」

(38)「　(38)　に該当する最も適切な語句を選びなさい」

　正解　**d)　shown here**「ここに表示された」

解説 a number of these popular tourist spots が on the map でどのような状態なのか考える。したがって d) が正解。

参考 a) accepted here「ここで受理された」　b) under here「この下で」　c) close here「この近くに」

(39)「　(39)　に該当する最も適切な単語を選びなさい」

　正解　**c)　direction**「方向」

解説 テラスから観光スポットを見渡すことで得られる sense(感覚)は何か考える。したがって c) が正解。

参考 a) fulfillment「充実」　b) feeling「感情」　d) movement「動作」

(40)「　(40)　に該当する最も適切な単語を選びなさい」

　正解　**a)　stay**「滞在」

解説 観光案内所などで、観光客を見送る言葉として適当なものを探す。したがって a) が正解。

参考 b) flight「飛行」　c) tourism「観光」　d) excitement「興奮」

5　海外観光と国内観光の問題

【Part A】

(41)　正解　d)　Machu Picchu「マチュ・ピチュ」

和訳　アンデス山脈の尾根（標高 2,430m）にある**マチュ・ピチュ**は、ペルーのウルバンバ州に位置する 15 世紀のインカ帝国の遺跡である。有史インカ文化の最も有名な例である。そこに到着するには困難を極めるが、ユネスコ世界遺産に登録され、毎年 100 万人以上の観光客を魅了してやまない。

解説　解法のカギは、「アンデス山脈の尾根」と「ペルーのインカ帝国の遺跡」である。

参考　以下すべてユネスコ世界遺産に登録されている。
- a) Chichen Itza「チチェン・イッツァ」。メキシコ南部のユカタン半島にあるマヤ文明の遺跡。マヤの最高神ククルカンを祀るピラミッドのカスティーヨがある。
- b) Rapa Nui「ラパ・ヌイ」。イースター島（チリ領の太平洋上に浮かぶ火山島）の現地語名である。ラパ・ヌイ国立公園には有名なモアイ像が点在する。
- c) Nazca Lines「ナスカの地上絵」。ペルーのナスカ川とインヘニオ川に囲まれた乾燥した盆地に描かれた幾何学図形や動植物の絵などが見られる。

(42)　正解　a)　Ha Long Bay「ハロン湾」

和訳　**ハロン湾**は中国国境に近いベトナム北部にある美しい天下の奇観である。湾には大小様々な 1,600 もの石灰岩の柱や小島が点在する。**ハロン湾**はベトナム北部における印象的な地理学的累層をなしている。島々の景観を体験する最良の手段は船を使用することである。

解説　解法のカギは「ベトナムにある湾」そして「多数の奇岩・小島」である。

参考　以下はアジアにある有名な湾である。
- b) Ormoc Bay「オルモック湾」。フィリピン中部レイテ島の北西にある湾。
- c) Phang Nga Bay「パンガー湾」。タイ南部のマレー半島にある湾。
- d) The Bay of Bengal「ベンガル湾」。インド洋の北東部にある湾。

(43)　正解　d)　Taj Mahal「タージ・マハル」

和訳　インドは南アジアにおける大国である。観光客には益々人気上昇中である。観光客にとって白亜の総大理石の墓廟である**タージ・マハル**といったような観光名所が多数ある。タージ・マハルは最愛の妻（ムムターズ・マハル）を記念してムガール皇帝シャー・ジャハーンの命により 1631 年から 1648 年にかけてアグラ市に建造された。タージ・マハルはインド、ペルシャ、イスラムの影響を融合したムガール様式で建てられた。

解説　解法のカギはインドのムガール皇帝が建造した「白亜の総大理石の墓廟」である。

以下は皇帝の墓廟、墳墓である。

　　　a）Akbar's tomb「アクバル廟」。ムガール帝国第 3 代皇帝アクバルの墓廟。

　　　b）Great Pyramid「大ピラミッド」。エジプト第 4 王朝のファラオ、クフ王の墳墓。

　　　c）Humayun's Tomb「フマーユーン廟」。インドの首都デリーにある、ムガール帝国第 2 代皇帝フマーユーンの墳墓。

(44) 正解 c) Mushrooms「キノコ」

和訳 **キノコ**は、多くの国、特に欧州や中国また日本で人気のある食品である。ポルチーニ茸、ポルトベロマッシュルーム、シイタケ、そして有名な黒トリュフと白トリュフですら、すべてこの野菜類の一例である。

解説 **キノコ**は英語では mushroom であり、日本では「木の子」の意味から生まれた言葉である。低カロリーな高栄養食品（ビタミン D やビタミン B など）として世界で人気がある。健康増進や美容効果があるとされ好評である。

参考 a）Beverages「飲料」　b）Grains「穀物」　d）Radishes「大根」

(45) 正解 b) Halal (food)「ハラル（食品）」

和訳 **ハラル**飲食物はイスラム教の食事規定上でイスラム教徒が飲食することを許されているものである。食べられる物と食べられない物に関する規定がある。例えば、イスラム教徒はブタ肉を食べない。食べ物は場所によって異なるが、典型的な食べ物は野菜料理とご飯から成ると言えるかもしれない。

解説 解法のカギは「イスラム教の食品」である。**「ハラル」**（= 許されている）は食べて良い食材のこと。**「ハラム」**（= 禁じられている）は食べてはいけない食材のこと。

参考 a）Allergic (food)「アレルギー（食品）」
　　　c）Spicy (food)「辛い（食品）」
　　　d）Vegetarian (food)「野菜（食材）、精進料理」

【Part B】

(46) 正解 c) Himeji (Castle)「姫路（城）」

和訳 **姫路城**は五層の天守閣から城壁一面にいたるまですべての建造物が白漆喰総塗籠で仕上げられているので通称「白鷺城」としてよく知られている。白漆喰塗の城は、平原を飛ぶ優雅な白鷺の姿に似ている。大天守閣は外観上 5 階に見えるが、実際の内部は 7 階である。

解説 解法のカギは、通称「白鷺城」（しらさぎじょう・はくろじょう）と「白漆喰で塗ら

た城壁」である。法隆寺ともに、日本のユネスコ世界文化遺産の第 1 号である。

参考 以下は日本 4 名城（国宝）である。
- a) Inuyama (Castle)「犬山（城）」。愛知県犬山市にある城。国内最古の木造天守閣。
- b) Hikone (Castle)「彦根（城）」。滋賀県彦根市にある城。別名「金亀城」。
- d) Matsumoto (Castle)「松本（城）」。長野県松本市にある城。別名「烏城」。

(47) **正解** **d）** **Shima** (Peninsula)「志摩（半島）」

和訳 太平洋の伊勢湾に面する**志摩半島**は三重県南部に位置する。半島には景勝地があり、「真珠の湾」と呼ばれる鳥羽湾と英虞湾がある。ミキモト真珠島では「海女」といわれる女性ダイバーが海底から真珠の生じた貝を採取している。

解説 解法のカギは、「伊勢湾にある」ことと通称「真珠の湾」である。

参考 以下は国内有数の半島である。
- a) Chita (Peninsula)「知多半島」。愛知県西部に突き出た半島。
- b) Oga (Peninsula)「男鹿半島」。秋田県北西部の日本海に突き出た半島。
- c) Oshima (Peninsula)「大島半島」。福井県西部にある半島。

(48) **正解** **a）** **Kenrokuen**「兼六園」

和訳 **兼六園**は「日本三名園」の 1 つである。この庭園は、その昔前田家の屋敷であった。庭園には 3 つの人工の丘と 2 つの池がある。近くには庭園のシンボルである石灯籠があり、その 1 本の足は水中に、もう 1 本は小島に立っている。

解説 解法のカギは、「前田家の屋敷」と「（霞ケ池に立つ）石灯籠」である。石川県金沢市にある加賀藩第 5 代藩主・前田綱紀が建てた別荘の庭園。国宝・国指定の特別名勝。

参考 b) と c) は日本三名園（兼六園・後楽園・偕楽園）である。
- b) Korakuen「後楽園」。岡山県岡山市にある、岡山藩主池田綱政が家臣に命じて造られた庭園。典型的な回遊式庭園で特別名勝。
- c) Kairakuen「偕楽園」。茨城県水戸市にある、水戸藩第 9 代藩主・徳川斉昭によって造られた庭園。約 100 種類 3,000 本の「梅」の名所。
- d) Sankeien「三渓園」。横浜市にある、実業家で茶人の原三渓が造園した日本庭園。国の重要文化財建造物 10 棟、横浜市指定有形文化財建造物 3 棟がある。

(49) **正解** **c）** **Matcha**「抹茶」

和訳 **抹茶**は主として茶道で用いる粉末緑茶である。粉末緑茶に湯を注ぎ、茶筅で攪拌して作られる。茶道におけるお茶の立て方には濃茶と薄茶の 2 種類がある。

解説 解法のカギは、茶道で使用されることと、濃茶と薄茶があるという点。抹茶とは茶うすでひいて粉にした高品質の粉末緑茶（high-quality green tea ground by tea handmill into fine powder）のこと。

参考 以下は緑茶の種類である。

a）Bancha「番茶」。a coarse green tea「粗い（ざらついた）緑茶」

b）Gyokurocha「玉露茶」。a high-quality [top-quality] green tea; green tea of the finest [best] quality「最高級の香りある緑茶」

d）Sencha「煎茶」。a common green tea; a green tea of middle-grade (between gyokurocha and bancha)「（玉露と番茶の間にある）中級の品質の茶」

(50) **正解　a）　Obon**「お盆」

和訳 **お盆**は家庭の元に帰ってくる先祖の霊を迎えるため4日間にわたり行われる。祖先の霊は13日の夜に家庭に迎えられ、16日夜には彼岸に送られる。多くの人は帰郷して墓参する。☞ **Column 06 盆と盆踊り**（p.141）

解説

参考 以下は日本の民間信仰である。

b）Ohigan「お彼岸」。春分の日と秋分の日を挟んだ前後の計7日間を彼岸と呼び、この期間に仏様の供養をすることで極楽浄土へ行けるとする民間信仰。

c）Ojuya「お十夜」。浄土宗のお寺で行われる法要。

d）Omiya-mairi「お宮参り」。その土地の守り神に赤子の誕生を報告し、健やかな成長を祈願する行事。

盆と盆踊り

① 盆

the Bon Festival; the Buddhist All Souls' Day; the Buddhist observance honoring the spirits of departed ancestors.

O-bon is observed for four days to welcome [console] the souls of departed ancestors who return to visit their families. It takes place from August 13th to 16th according to the old calendar. The ancestral spirits are invited to their homes on the evening of the 13th and escorted back to the other world on the evening of the 16th.

先祖の霊を供養する仏事。お盆は家族の元に帰ってくる先祖の霊を迎えるために4日間にわたり行われる。お盆は旧暦8月13日から16日までの間に行われる。13日夜には祖先の霊を家庭に迎え、16日夜には彼岸に送る。

☆「盂蘭盆会」の略。通称「お盆」。All Souls' Day「死者の日」（カトリック用語）。11月2日にはすべての死者のために祈る日である。

② 盆踊り

a Bon Festival dance [dancing]; a folk dance performed during the Bon Festival.

It is held to welcome the spirits of departed ancestors back to earth, console and then send the ancestral spirits back to the other world. People dressed in *yukata* (kimono) dance around the stage to the accompaniment of musical bands in the evening of the Bon Festival.

盆踊りは祖先の霊を地上に迎えて慰め、その後彼岸の国へと送るために行う。お盆の夜には浴衣姿の人々が音頭や歌謡の音楽に合わせて舞台周辺を踊る。

☆ 盆踊りは「輪踊り」（dancing in a circle around a raised stage tower）と「行列踊り」（dancing in a long line）に大別される。

『和英：日本の文化・観光・歴史辞典 [改訂版]』（（山口百々男著、三修社）より

リスニング試験

音声の内容

(51) a) There are three king size beds in the room.

b) There is an extra bed to accommodate three people.

c) This type of room can accommodate three persons.

d) This type of room is called a studio room.

(52) a) Local specialties are piled on the counter.

b) The shop has a wide selection of goods.

c) The souvenirs are well-organized in the store.

d) Many kinds of coffee are being served.

(53) a) People are relaxing at the square.

b) People are all seated at the restaurant.

c) People are on the platform in the subway station.

d) The tourist information is crowded with tourists.

(54) a) Guests are in the long line at reception.

b) Passengers are walking on the boarding bridge.

c) Staff are preparing the plane for takeoff.

d) Tourists are waiting to get admission tickets.

(55) a) A store curtain hangs at the entrance of a public bath.

b) Chinese characters on the cloth show it's a bath for men.

c) Local specialties are sold at the public space.

d) Boards on the wall show the bus schedule.

(51) 正解 c) 「この部屋のタイプは3名を宿泊させることができる」

解説 部屋にはシングルベッドが3台用意されている。a) king size beds、b) an extra bed、d) a studio room などは用意されていない。したがって c) が正解。☞ **Column 07** ベッドの種類（p.145）

参考 a)「部屋には3つのキングサイズのベッドがある」
　　　b)「3名を宿泊させる予備ベッドがある」
　　　d)「この部屋のタイプはスタジオ（部屋）と呼ばれる」
　　　☆ accommodate「収容する、泊める」

(52) 正解 b) 「店舗には多種多様な品物がある」

解説 店内にたくさんの商品がある。選択肢を見ると、a) カウンターは存在せず、c) 土産物も見当たらない。d) コーヒーが serve（給仕）されている状態でもない。したがって b) が正解。

参考 a)「地元特産品がカウンターに積み重ねられている」
　　　c)「土産物が店内にきちんと整理されている」
　　　d)「いろいろな種類のコーヒーが出されている」
　　　☆ local specialty「地元特産品」　a wide selection of「〜の品揃えが良い」

(53) 正解 c) 「人々が地下鉄の駅の（プラット）ホームにいる」

解説 写真を見るとすぐに「地下鉄」（subway station）だと判明できる。選択肢にある場所、a) square、b) restaurant、d) tourist information (center) などではない。したがって c) が正解。

参考 a)「人々は広場でくつろいでいる」
　　　b)「人々は全員レストランで座っている」
　　　d)「観光案内所は観光客で混雑している」
　　　☆ square「広場」　be crowded (with)「混み合う」

(54) 正解 b) 「乗客は搭乗ブリッジを歩いている」

解説 写真を見ると、飛行機に搭乗する橋であるとわかる。選択肢を見ると、a) 受付はない。c) 離陸ではなく搭乗である。d) 入場券を入手しようとしている状況ではない。したがって b) が正解。

参考 a)「客は受付で長い列に並んでいる」

c)「スタッフは離陸のため飛行機を準備している」

d)「観光客は入場券を入手するため待機している」

☆ boarding bridge「搭乗橋」 takeoff「離陸」 admission (tickets)「入場券」

(55) **正解** **a)** 「公衆浴場の入り口に暖簾が吊されている」

解説 写真を一目するだけで「公衆浴場」(public bath) だと判明できる。浴場と関連する内容は a) と b) である。写真には「男湯」(a bath for men) ではなく、「姫」(a princess) そして「女湯」(a bath for women) と示されている。したがって a) が正解。

参考 b)「布に書かれた漢字は男子用の浴場であることを示している」

c)「地元の特産品が公共の場で販売されている」

d)「壁にある掲示板にはバススケジュールがある」

☆ hang「吊す、掛かる」 Chinese character「漢字」。

ベッドの種類

bed 图 ベッド、寝台、寝床。マットレス (mattress)、寝具類 (bedclothes)、寝台架 (bed frame) をすべて含む。ベッドサイズはホテルによって異なる。

【主な種類】

[B] baby bed ベビーベッド（bassinet（バスケット型）と crib（クリブ型）がある）

bunk bed（子供用）2 段ベッド

[C] California king-sized bed カリフォルニアキングサイズの大型ベッド（長さ 200cm × 幅 180cm 程度。King-sized bed より狭く、queen-sized bed より幅広い）

[D] deluxe single bed デラックスシングルベッド（semi-double bed の別称）

double bed ダブル（2 人用）ベッド（長さ 200cm ×幅 140cm 程度）

[E] extra bed 補助ベッド

[F] folding bed 折りたたみ式ベッド

[H] hideaway bed 隠しベッド（昼は寝具が壁などにはめ込まれ、夜はベッドとして使う）

[J] junior bed ジュニアベッド（棚のある子供用のベッド）

[K] king-sized bed キングサイズベッド（長さ 200cm ×幅 200cm 程度。ベッドの中で最も広い）

[Q] queen-sized bed クィーンサイズベッド（長さ 200cm ×幅 150cm 程度。double bed より幅広く、king-sized bed より狭い）

[R] rollaway (bed) 移動式補助ベッド（車輪付き折りたたみ式移動ベッド：子供用が多い）

[S] semi-double bed セミダブルベッド（シングルベッドとダブルベッドの中間大ベッド：長さ 200cm ×幅 120cmm 程度）

single bed シングル（1 人用）ベッド（長さ 200cm ×幅 90 から 100cm 程度）

sofa bed ソファーベッド（= convertible couch）

studio bed スタジオベッド（ソファー兼用の補助ベッド）

studio room スタジオルーム。スタジオベッドを備えた客室。通常はシングルベッドともう 1 つソファーベッドがある部屋。

studio single スタジオシングル。シングルベッドとスタジオベッドを備えた部屋。必要に応じてスタジオベッドを使用して 2 人用客室とする。

studio twin スタジオツイン。ツインベッドとスタジオベッドを備えた部屋。必要に応じて、スタジオベッドを使用して 3 人用客室とする。

[T] twin bed ツイン（シングルベッドが 2 つある）ベッド

『観光のための中級英単語と用例』（（山口百々男著、三修社）より

リスニング試験

7 「イラスト描写」による状況把握

音声の内容

🔊 31 (56) a) Honolulu is located on the north side of the Island of Hawaii.

b) The Island of Maui is east of the Island of Lanai.

c) Hilo and Kona are located on the Island of Kauai.

d) Haleiwa is located on the south of the Island of Oahu.

🔊 32 (57) a) The restaurant offers a continental breakfast special.

b) The breakfast special comes with French fries.

c) The breakfast special is available only on weekdays.

d) The coupon is valid for people at the same table.

🔊 33 (58) a) Visitors have to pay an extra charge to see the special exhibitions.

b) Parents with elementary school children are all free.

c) Students must pay seven dollars for admission.

d) People over 65 years old can get a senior discount.

🔊 34 (59) a) The ticket is for an overnight trip to Mt. Fuji.

b) Japanese people have to show their passport to buy the tickets.

c) The price includes transportation and accommodation.

d) The final destination of the ticket is Osaka.

🔊 35 (60) a) This is traditional Japanese aroma therapy.

b) People use this item to keep mosquitoes away.

c) People offer incense sticks at the altar.

d) The coiled fireworks have been set off.

解答と解説

(56) 正解 b) 「マウイ島はラナイ島の東にある」

解説 イラストを見ると、マウイ島はラナイ島の東（右側）にある。他の選択肢の位置関係は正しくない。したがって b) が正解。

参考 a)「ホノルルはハワイ島の北部に位置している」
　　 c)「ヒロとコナはカウアイ島に位置している」
　　 d)「ハレイワはオアフ島の南部に位置している」
　　 ☆ be located on「〜に位置する」

(57) 正解 d) 「クーポン（割引券）は同席の人々に対して有効である」

解説 イラストの下部に、One coupon per table.「1席テーブルにつき1枚のクーポン」と書かれている。したがって d) が正解。Not valid with any other offers.「他のサービスとの併用不可」はクーポンなどによくある文言である。

参考 a)「レストランにはコンチネンタルモーニングサービスがある」
　　 b)「モーニングサービスにはフライドポテトが付いている」
　　 c)「モーニングサービスは平日のみ利用できる」
　　 ☆ breakfast special「モーニングサービス（和製英語）」 ⤵ Column 08 朝食 (p.149)

(58) 正解 d) 「65歳以上の人々は高齢者割引が受けられる」

解説 No Extra Charge for Special Exhibitions.「特別展示物には割増料金は無し」と記載され、下部に入場料金一覧がある。**Seniors 65 and over ＄17** と明示されている。したがって d) が正解。

参考 a)「来訪者は特別展示を見るには追加料金を支払うことになっている」
　　 b)「小学生を同伴する両親はすべて無料である」
　　 c)「学生は入場料7ドルを支払うことになっている」
　　 ☆ admission「入場料」 extra charge「追加料金」 exhibition「展示」

(59) 正解 a) 「チケットは富士山への1泊旅行用である」

解説 A pass for round-trip travel from Tokyo.「東京からの往復旅行用のパス」、Two-day ticket「2日券」と記載されている。したがって a) が正解。

参考 b)「日本人はそのチケットを買うために旅券を見せる必要がある」
　　 c)「値段には交通機関と宿泊施設が含まれている」

解答と解説　147

d)「チケットの最終目的地は大阪である」

☆ overnight trip「1泊旅行」 accommodation「宿泊施設」 destination「目的地」

---

(60) 正解 **b)** 「この品物は蚊を近づけないようにするために使用される」

解説 日本人であれば誰もが知る「蚊取り線香」(mosquito-repellent coil/mosquito-repelling incense coil) である。したがって b) が正解。

参考 a)「これは日本の伝統的なアロマセラピー（芳香療法）である」

c)「人々は祭壇に線香を供える」

d)「らせん状の花火が打ち上げられた」

☆ incense stick「線香」 altar「祭壇」 set off「打ち上げる、点火する」

朝食

breakfast 图 朝食。冠詞 (a, the) をつけない。▶ have [eat] *breakfast*「朝食をとる」
しかし breakfast の前後に形容詞または形容詞句がついて朝食の種類を表す時は不定
詞 (a) がつく。▶ have *a* light [good] *breakfast*「軽い［十分な］朝食をとる」

☆(a) breakfast voucher「朝食券」 complimentary breakfast「無料の朝食」
habitual breakfast「いつもの朝食」 impromptu breakfast「間に合わせに作った
朝食」

☆breakfast special モーニングサービス（和製英語）。午前中喫茶店などで出される
サービスで、コーヒーにトーストや卵をつけた安価な朝食セットのこと。また早朝
時の米空港などには breakfast special の看板をよく見かける。

【朝食の種類】

ホテルの朝食に関しては下記の形態がある。

1 **American Breakfast** アメリカ式朝食。卵料理・肉料理を含む朝食。ジュース（オ
レンジ・トマト・グレープフルーツなど）、パン（トースト・ロールパン・クロワッ
サンなど）、バター（またはジャムなど）、コーヒー（または紅茶など）に加え、卵
料理（ハム、ソーセージ、ベーコンなど）が含まれる。full breakfast（たっぷり
の朝食）とも言う。

2 **English Breakfast** イギリス式朝食。卵料理・肉料理・魚料理を含む朝食。ジュー
ス（オレンジ・トマト・グレープフルーツなど）、卵（ベーコン、ハム、ソーセー
ジなど含む）、ジャム（またはバター）、コーヒー（または紅茶かミルク）がつく。
さらにシリアル（またはオートミール）また魚料理（ニシンのくん製・スケトウダ
ラのくん製）などが加えられる。full breakfast（たっぷりの朝食）とも言う。

3 **Continental Breakfas**t ヨーロッパ式朝食（軽い朝食）。卵・肉・魚などの料理を
含まない朝食。ジュース（オレンジ・トマトなど）、コーヒー（または紅茶）、パン（バ
ターまたはジャム付き）程度の簡単な朝食。イタリア、スペイン、フランスなどの
ラテン系のホテルに多い。日本では「コンチ」と略称する。

『観光のための初級英単語と用例』（（山口百々男著、三修社）より

音声の内容

🔊 36 (61) Excuse me, the movie I was watching stopped.

(62) I'd like to book a meeting room for tomorrow.

(63) What time is check-out?

(64) Where do I catch the cable car?

(65) Where would you like to go?

(66) Would you like a table by the window?

(67) Do you have a reservation?

(68) I'm looking for a souvenir shop.

(69) Is this your first time at a fireworks festival?

(70) Do we clear security before or after immigration?

解答と解説

(61) 問い 「すみません。私が観ていた映画がストップしました」

正解 **c)** 「失礼しました。お客様のシステムを再起動させます」

解説 機内 何かの理由で映画が中断された状況である。選択肢から中断した映画との関連性があるものを探すと、c) には謝罪後に「再始動させる」（restart）という用語がある。したがって c) が正解。

参考 a)「台風がこの地域に接近中です」

b)「免税品カタログを確認します」

d)「子供用のスナック（軽食）がございます」

☆ (be) on the way to (A)「(A) へ行く途中で」

---

(62) 問い 「明日の会議室を予約したいのです」

正解 **b)** 「承知しました。何名様用でしょうか」

解説 日常会話 ホテルにある「会議室」（meeting room）かもしれないが、要は会議室を

予約する状況である。予約を受ける場合、通常は人数（For how many people?）を聞く。したがって b) が正解。

a)「受付でチケットを買えます」

c)「念のため傘を持っていきます」

d)「ご滞在していただき感謝申し上げます」

☆ just in case「念のために」

---

(63) 問い 「チェックアウトは何時ですか」

正解 **a)** 「正午前であればいつでも（結構です）」

解説 **ホテル** ホテルのフロントで宿泊者は「チェックアウトすべき時間」（check-out time）を尋ねている状況。係員は具体的な時間帯を返答する必要がある。したがって a) が正解。

参考 b)「チェックイン直後です」

c)「約 2 時間です」

d)「これ以上の遅延はありません」

☆ (further) delay「（これ以上の）遅延」

---

(64) 問い 「ケーブルカーへはどこで乗れますか」

正解 **c)** 「ちょうどあの角を曲がったあたりですよ」

解説 **鉄道** 「乗り物に乗る」という動詞には状況によって異なる。get on「乗ろうとする動作」、ride「すでに乗っている状態」、get off「降りる動作」、take「get on と ride の両方」、catch「間に合う、つかまえる」などがある。質問文の catch the cable car は、「ケーブルカーに間に合う、つかまえて飛び乗る」という意味である。したがって c) が正解。

参考 a)「運賃は 350 ペソです」

b)「水上（飛行）機は故障しています」

d)「1 日 3 回の出航です」

☆ seaplane「水上機」 sailing「出航」

---

(65) 問い 「どこへ行きたいのですか」

正解 **b)** 「メトロ（地下鉄）です。電車に乗り遅れています」

解説 **日常会話** 路上で道に迷っている人に、行きたい場所を聞いている状況。返答内容は行きたい方向（to the metro）である。タクシーの運転手であれば、単に Where to? とよく行き先を確認する。したがって b) である。

---

(66) 問い 「窓側のお席（テーブル）はいかがですか」

　　　 正解 **d）** 「はい、よろしく（お願いします）」

解説 **レストラン**　ウェイターが顧客を案内する時の第一声である。顧客は Yes あるいは No と返事すべきである。選択肢には肯定的な返答が最適である。したがって d) が正解。

参考 a）「いいえ、あなたが気に入らないでしょう」

　　　 b）「いいえ、私はこのテーブルに座ります」

　　　 c）「はい、開けてください」

　　　 ☆ by the window「窓際」（= beside the window「窓のそばに」）

---

(67) 問い 「予約はなさっていますか」

　　　 正解 **a）** 「はい、オンライン（インターネット）で予約しました」

解説 **ホテル／レストラン**　選択肢を見ると、book（予約する）という用語があり、これは質問の make a reservation と同意語である。したがって a) が正解。

参考 b）「サービスは素晴らしかったです」

　　　 c）「私の手荷物はここにあります」

　　　 d）「はい、何度も日本を旅行しています」

　　　 ☆ book「予約する」（= reserve）

---

(68) 問い 「土産物店を探しています」

　　　 正解 **d）** 「ホテルロビーに 1 軒あります」

解説 **ホテル**　宿泊客が土産物店を探している。a)「煎餅」や b)「陶磁器」といった土産物自体ではなく、「土産物」（souvenir）を売る「店」（shop）を探している。したがって d) が正解。

参考 a）「お煎餅を選んだことはとてもすばらしいです」

　　　 b）「焼き物はとても高価です」

　　　 c）「贈り物をすることは伝統です」

　　　 ☆ pottery「陶磁器、焼き物」

---

(69) 問い 「花火大会は初めてですか」

正解 d) 「実は、初めてではなく、何度も見物したことがあります」

解説 観光 海外からの観光客が、日本の夏の風物詩である「花火大会」(fireworks festival) を初めて見物するのかどうかを尋ねられている。返答は見たか否かである。したがって d) が正解。

参考 a)「数日間継続するでしょう」
b)「天候は最高（完璧）です」
c)「日本での伝統です」
☆ last「継続する」

(70) 問い 「私たちは出国審査の前あるいは後に保安検査を通過するのですか」

正解 c) 「保安検査は出国審査の前に行われます」

解説 空港 空港で出国する場合、check-in「搭乗手続」（航空会社のカウンターあるいは自動チェックイン）、次に security「保安検査」（旅券と搭乗券の確認・身体検査）、最後に immigration「出国審査」を通過する。したがって c) が正解。

参考 a)「搭乗券と税関申告書が必要です」
b)「搭乗手続き後に出国審査に行かなければなりません」
d)「保安検査前に出国審査が実施されました」
☆ clear (customs)「（税関を）無事に通過する」▶ Have your bags *cleared customs*?「君のバッグは税関を無事にパスしましたか」

対策

会話は 2 回放送される。

「1 回目の放送」では、会話の内容を一言一句に拘泥せずにしっかりと「全体像」を把握すること。そのためには会話の「場面・状況」をキャッチすること。最後に「質問」(QUESTION) を的確に理解すること。

「2 回目の放送」では、質問を念頭におきながら、問題冊子にある 4 つの「選択肢」を見ながら適切な解答を探ること。解答となる重要な「**語句**や**文**」に合致する内容が必ずあるので、その文脈を理解しながら会話の内容を把握すること。

この設問は、「和文英訳」ではなく「会話の流れ」を的確に把握することが問われている。「会話の内容」は、各設問の 解説 でその主旨が述べられている。

音声の内容

37　(71)　M: Have you ever traveled outside of Japan?

F : Yes, I went to Hawaii when I was 10, with my family. And I went to Singapore for a school trip.

M: You're lucky. I've never been abroad. But I'm planning to go to Thailand next year with my friends.

F : That sounds like fun.

Question　How many countries has the woman visited outside of Japan?

38　(72)　M: Can I see your passport, please?

F : Here you are.

M: And your landing card, the paper you were given on the plane, please.

F : This one? OK. Here you are.

M: How long will you be staying?

F : Six days.

Question　Who is the woman talking with?

39 (73) M: Do you have a non-smoking room for tonight?

    F : Just a moment ... Yes, we have either a double or a twin.

    M: No singles?

    F : No, I'm afraid not. Not tonight. Sorry. We have some available for tomorrow, though.

    M: Oh, OK. Thanks anyway.

    Question   What does the tourist want?

40 (74) M: Excuse me? What time can I check out tomorrow? I have an early flight to catch.

    F : You can check out anytime. We have 24 hour front desk service here, sir. There is always someone at this desk.

    M: Oh, great. Then I'll be down here at about 4:30 tomorrow morning. Will it be possible to get a taxi at that time?

    F : We'll call one for you. They usually take only a few minutes to get here.

    M: Great.

    Question   What does the man want?

41 (75) M: Excuse me? What time is the bus to the Disney Resort?

    F : Buses leave every 15 minutes.

    M: So if it's 6:50 now, the next one is at ... 7 o'clock.

    F : That's correct. The one after that is at quarter after 7:00. And then 7:30.

    M: I'm still waiting for my wife and kids, so I think we'll take the one at 7:15.

    Question   Which bus is the man planning to take?

42 (76) F : Excuse me? Does this train go to Kawagoe?

    M: Yes, it does, but it's a local train. I think you should take the express train. It's much faster.

    F : So where can I catch that train?

    M: From the platform over there. Just go down the stairs here.

    F : Thanks a lot.

第2回試験　解答と解説

🔊 43 (77) **F** : Excuse me. My friend cut his foot at the beach. Do you have a bandage or something?

M: Yes, but it is in the first-aid kit. It's in the life guard's tent next to the pool.

F : Do we have to go there?

M: No. Please wait here. I'll go and get it.

Question What is the problem?

🔊 44 (78) **F** : Hello. Are you all right, there?

M: Um, I'm not sure. My seat is here, but this overhead compartment is full.

F : I think there is some space in the next one, near the lavatory.

M: It's OK to use that one?

F : Oh, sure. The flight is not full today, so we have lots of space.

M: Great. Thanks.

Question Where is the tourist?

🔊 45 (79) **F** : So, is the hotel located near the airport?

M: Actually, it is in the airport building itself.

F : Really? So I don't have to take a shuttle or train or taxi?

M: No, you can just walk in. The entrance is about a five-minute walk from the arrivals area.

F : Thanks.

Question How will the tourist get to the hotel?

🔊 46 (80) **F** : Good morning. I wonder if you can help me.

M: I'll try.

F : Well, I'm looking for a place where I can access the Internet. Is there any free Wi-Fi area around here?

M: Sure. The lobby of the Grand Hotel across the square from the station has free Wi-Fi access. You need to input a password, but the password is written on posters in the lobby. You'll see.

F：Great. Thanks a lot.

Question　What does the tourist want?

解答と解説

(71)　質問　「女性は日本以外に何か国訪れましたか」

　　　正解　b)　「2 か国」

解説　日常会話　女性は I went to Hawaii when I was 10, with my family. And I went to Singapore for a school trip.「10 歳のとき家族と一緒にハワイ、そして修学旅行でシンガポールへ行きました」と言っている。男性は I've never been abroad. But I'm planning to go to Thailand next year with my friends.「僕は海外へ行ったことがないが、来年には友人とタイに行く予定です」と言っている。したがって b) が正解。

参考　a)「1 か国」　c)「3 か国」　d)「4 か国」
　　　☆ school trip「修学旅行」

(72)　質問　「女性は誰と話していますか」

　　　正解　c)　「入国審査官」

解説　空港　男性は Can I see your passport, please? And your landing card, ... please.「旅券と入国カードを拝見できますか」と言っている。最後に How long will you be staying?「どのくらい滞在しますか」と尋ねている。女性は Six days.「6 日間です」と返答している。したがって c) が正解。

参考　a)「ホテル職員」　b)「タクシー運転手」　d)「空港の搭乗手続係員」
　　　☆ landing card「入国許可書、(船客に対して) 上陸証明書」。disembarkation card; entry card; arrival card などとも言う。飛行機の乗客が入国する証明書。海外旅行の最初の外国の到着地で氏名、生年月日、旅券番号などを記入し、入国審査官に提出する入国 (記録) カードのこと。▶ fill in [out] the landing card「入国カードへ記入する」

(73)　質問　「観光客は何を希望していますか」

　　　正解　a)　「シングル部屋」

解説　ホテル　女性は we have either a double or a twin.「(ホテルには) ダブルあるいはツインの部屋があります」と言っている。男性は No singles?「シングルは無いのですか」と尋ねる。女性は No, I'm afraid not. Not tonight. Sorry. We have some available for tomorrow, though.「ないと思います。今夜はないのです。申し訳ございません。明日にはいくつかご利用できます」と返答している。したがって a) が正解。

参考 b)「ダブル部屋」 c)「ツイン部屋」 d)「後泊（こうはく）」

☆ I'm afraid not「残念ながらないと思う」

---

(74) 質問 「男性は何を希望していますか」

正解 c) 「早朝のチェックアウト（予約していた滞在予定の日程よりも早くチェックアウトすること）」

解説 ホテル 男性は What time can I check out tomorrow? I have an early flight to catch.「明日僕は何時にチェックアウトできますか。朝早いフライトに搭乗しなくてはいけないのです」と言っている。女性は You can check out anytime「いつでもチェックアウトできますよ」と返答している。男性は Then I'll be down here at about 4:30 tomorrow morning. Will it be possible to get a taxi at that time?「明朝 4 時間半ごろには降りてきます。その時間にタクシーに乗ることができますか」と聞いている。女性は We'll call one for you.「タクシーを呼びましょう」と返答している。したがって c) が正解。

参考 a)「早朝モーニングコール（和製英語）」

b)「早朝の朝食」

d)「早朝のフライト」

☆ early flight「早朝便」 call one [a taxi] for (you)「（あなたのために）タクシーを呼ぶ」

---

(75) 質問 「男性はどのバスに乗車する予定ですか」

正解 c) 「7 時 15 分」

解説 バスターミナル 男性は What time is the bus to the Disney Resort?「ディズニーリゾート行きのバスは何時ですか」と尋ねている。女性は Buses leave every 15 minutes.「バスは 15 分おきに出ます」と言っている。男性は So if it's 6:50 now, the next one is at ... 7 o'clock.「今 6 時 50 分ならば、次のバスは 7 時発ですね」と言っている。女性は That's correct. The one after that is at quarter after 7:00. And then 7:30.「そうです。その後のバスは 7 時 15 分です。それの後は 7 時 30 分です」と言っている。男性は I'm still waiting for my wife and kids, so I think we'll take the one at 7:15.「妻と子供を待っているので、7 時 15 分のバスに乗車しようと思います」と言っている。したがって c) が正解。

参考 a)「6 時 45 分」 b)「7 時」 d)「7 時 30 分」

☆ at quarter after seven「7 時 15 分に」(= at quarter past seven) wait for (A)「(Aを) 待つ」

(76) 質問 「男性は何（どの電車）を薦めていますか」

正解 c) 「急行電車」

解説 駅舎 女性は Does this train go to Kawagoe?「この電車は川越行きですか」と尋ねている。男性は Yes, it does, but it's a local train. I think you should take the express train. It's much faster.「川越行きですが、各駅電車です。急行電車に乗るほうがよいでしょう。そのほうがずっと速いです」と勧める。女性は So where can I catch that train?「その電車はどこで乗れますか」と聞いている。男性は From the platform over there. Just go down the stairs here.「あちらのホームからです。ここの階段を降りるだけです」と返答している。女性は Thanks a lot.「どうもありがとう」と感謝する。したがって c) が正解。

参考 a)「もっと後の電車」 b)「各駅電車」 d)「別の駅舎」
　　☆ local train「各駅［普通］電車」

(77) 質問 「何が問題ですか」

正解 b) 「怪我人がいる」

解説 海浜 女性は My friend cut his foot at the beach. Do you have a bandage or something?「友人がビーチで足を切りました。包帯か何かありますか」と言っている。男性は Yes, but it is in the first-aid kit. It's in the life guard's tent next to the pool. ... I'll go and get it.「救急箱にあります。プールの隣りのライフガードのテントにあります。私が持ってきますよ」と返答している。したがって b) が正解。

参考 a)「バンド（楽団）は遅れている」
　　c)「プールは閉まっている」
　　d)「ビーチを去った人がいる」
　　☆ bandage「包帯」 fast-aid kit「救急箱」

(78) 質問 「観光客はどこにいますか」

正解 b) 「機内」

解説 機内 男性は My seat is here, but this overhead compartment is full.「僕の座席はここですが、頭上にある荷物棚が満杯です」と言っている。女性は I think there is some space in the next one, near the lavatory.「化粧室近くの、隣の荷物棚にはいくらかスペースはあります」と返答している。さらに女性は The flight is not full today, so we have lots of space.「今日、飛行機は満席ではないので、スペースはたくさんあります」と言っている。したがって b) が正解。

a)「バス車内」

　　　　 c)「タクシー車内」

　　　　 d)「事務所内」

　　　　 ☆ overhead compartment「頭上の荷物棚」

(79) 質問 「観光客はどのようにしてホテルへ行きますか」

　　　 正解 **d)** 「徒歩で」

解説 空港 女性は ... is the hotel located near the airport?「ホテルは空港から近いです か」と尋ねる。男性は Actually, it is in the airport building itself ... you can just walk in. The entrance is about a five-minute walk from the arrivals area.「ホテルは空港ビル内に あります。歩いて行けます。到着エリアから 5 分ほど歩けばホテルの入り口です」と返答し ている。したがって d) が正解。

参考 a)「タクシーで」 b)「バスで」 c)「電車で」

(80) 質問 「観光客が望んでいることは何ですか」

　　　 正解 **a)** 「インターネットにアクセス [接続] すること」

解説 駅舎 女性は I'm looking for a place where I can access the Internet. Is there any free Wi-Fi area around here?「インターネットにアクセスできる場所を探しています。 このあたりに無料の Wi-Fi エリアがありますか」と尋ねている。男性は The lobby of the Grand Hotel across the square from the station has free Wi-Fi access. You need to input a password, but the password is written on posters in the lobby.「駅前の広場を はさんだところにあるグランドホテルで無料 Wi-Fi にアクセスできます。パスワードを入力 する必要がありますが、パスワードはロビーのポスターに記されています」と返答している。 したがって a) が正解。

参考 b)「電車に乗ること」

　　　 c)「ホテルを見つけること」

　　　 d)「パスワードを入手すること」

　　　 ☆ I wonder if you can help me?「お手伝い願えるでしょうか」

47

10 「観光事情」に関する内容把握

[Part A]

音声の内容

Tourist: I am really excited to go scuba diving on the Great Barrier Reef. We have a whole week to explore the reef and enjoy the sunshine!

Guide: Well, you have chosen a perfect time of the year to dive here.

Tourist: Yes, my friends recommended that we come at this time of the year. We really hope to see some sea turtles.

Guide: I am sure you will. There are six kinds of sea turtles here.

Tourist: How large do they get?

Guide: Well, the largest recorded, a Leatherback turtle, weighed over 900 kilograms.

Tourist: Wow!

Guide: So do you have a scuba diving license?

Tourist: Yes, but my friend doesn't. Can she still dive with me?

Guide: Of course, but she will have to do some training and take a test first.

Tourist: Oh, I see. Well, maybe I can go diving with another group until she completes her training.

Guide: Yes, of course. So let's get you both checked-in and then we can arrange your scuba diving adventure!

Questions

(81) Why did the tourist come at this time of the year?

(82) How large do Leatherback turtles get?

(83) According to the passage, what will the tourist's friend do?

(84) How long will the tourist spend at the Great Barrier Reef?

(85) What will the tourist do next?

(81) **質問** 「旅行者が 1 年のこの時期に来たのはなぜですか」

正解 **c)** 「ウミガメを見物したかった」

解説 女性（観光客）は、my friends recommended that we come at this time of the year. We really hope **to see some sea turtles**. 「友人が 1 年のこの時期に来ることを薦めました。実際にこの目で**ウミガメを見物したい**のです」と言っている。この会話内容をしっかりと聴解できることが解法のポイントである。したがって c) が正解。☆ the Great Barrier Reef（世界遺産）は 11 月から翌 3 月の間ウミガメの産卵期で海岸は賑わう。

参考 a)「閑散期でした」⇔ high season「最盛期」
b)「予約を取りすぎていた」
d)「晴天を期待していた」

(82) **質問** 「オサガメ（Leatherback turtle）はどのくらいの大きさになりますか」

正解 **a)** 「900 キログラム以上」

解説 男性（ガイド）は、the largest recorded, a Leather back turtle, weighed **over 900 kilograms**. 「オサガメの体重の最大記録は **900 キログラムを超えていました**」と言っている。この数字（900 kg）を的確に聴解することが解法へのカギである。したがって a) が正解。

参考 b)「90 キログラム以上」
c)「19 キログラム以上」
d)「約 9 キログラム」

(83) **質問** 「この文節によると、観光客の友人は何をすることになりますか」

正解 **b)** 「スキューバダイビングのライセンスを取得するため訓練すること」

解説 男性（ガイド）が、she will have to **do some training and take a test first**. 「彼女はまずは**訓練をしてテストを受けなくてはいけない**でしょう」と言っている。訓練と受験つまりライセンスの取得を把握することである。したがって b) が正解。

参考 a)「日光浴を楽しむこと」
c)「温泉に行くこと」
d)「釣りをすること」

(84) **質問** 「旅行者はどれくらいの期間をグレートバリアリーフで過ごす予定でしょうか」

正解 **c)** 「約 1 週間」

解説 会話の冒頭で、女性（観光客）は、We have **a whole week** to explore the reef and enjoy the sunshine!「岩礁を探索したり日光浴をしたりするのに私たちは**まる 1 週間**あります」と言っている。a whole week を的確に聴解することが解法へのカギである。したがって c) が正解。

参考 a)「数日間」　b)「数週間」　d)「2 泊 3 日」

(85) **質問** 「旅行者は次に何をすることになりますか」

正解 **c)** 「手続きをすること」

解説 会話の最後に、男性（ガイド）は So let's **get you both check-in** and then we can arrange your scuba diving adventure!「それでは**お 2 人とも手続きをして**いただいてから、スキューバダイビングの冒険を手配させていただきます」と言っている。この check-in の単語をしっかりと聴解することがポイントである。したがって c) が正解。

参考 a)「ボーティングセンターに戻ること」
b)「グレートバリアリーフ行きの航空便を予約すること」
d)「税関を通過すること」

[Part B]

48

音声の内容

Sato: So, ready for today?

Michelle: I guess so. What are we doing today?

Sato: I've signed us up for a volunteer program at Shonan Beach today.

Michelle: Where is Shonan Beach?

Sato: Shonan Beach is in Kanagawa Prefecture, about 90 minutes from Tokyo by train. It's one of Japan's most popular beaches in the summertime. The beach is also near quite a few interesting attractions. We also get to take the Enoden, an old-style train that runs along the coastline.

Michelle: What are we doing there today?

Sato: We're joining a beach clean-up program for the morning. A lot of garbage washes up on the beach so we'll be helping to clean it up and then enjoy a BBQ lunch on the clean beach afterwards.

Michelle: Sounds, umm ..., fun.

Sato: After lunch we can see some of the local sights nearby like Enoshima Iwaya Cave and Samukawa Jinja Shrine and maybe even see the sunset over Mt. Fuji. And we'll get an amazing ocean view.

Michelle: Well, okay then. Let's go!

Questions

(86) What are the two tourists going to do this morning?

(87) What is the purpose of the program the couple is joining?

(88) What's included in the clean-up program?

(89) What sightseeing places are nearby?

(90) What will the couple do after the beach clean-up?

(86) 質問 「2人の観光客は今朝何をしようとしていますか」

正解 **c)** 「ボランティア活動に参加すること」

解説 女性（Michelle）が What are we doing today?「今日は何をしますか」と尋ね、男性（Mark）は I've signed us up for **volunteer program** at Shonan Beach today.「今日は湘南海岸での**ボランティアプログラム**の登録申し込みをしました」と返答している。したがって c) が正解。

参考 a)「江ノ島へ行くこと」
b)「日没時の富士山を見に行くこと」
d)「江ノ電を利用すること」

(87) 質問 「2人が参加するプログラムの目的は何ですか」

正解 **b)** 「海岸地区の清掃をすること」

解説 会話の中頃で、男性は We're joining a **beach clean-up program** for the morning.「朝の**海岸清掃プログラム**に参加します」と言っている。したがって b) が正解。

参考 a)「海岸でバーベキューを食べること」
c)「神奈川の史跡を訪れること」
d)「神奈川周辺の散策を楽しむこと」

(88) 質問 「清掃プログラムには何が含まれていますか」

正解 **a)** 「すべてのボランティアに昼食が提供される」

解説 男性は ... we'll be helping to clean it [a beach] up and then **enjoy a BBQ lunch** on the clean beach.「海岸を清掃してから、きれいになった海岸で**バーベキューの昼食をいただきます**」と言っている。したがって a) が正解。

参考 b)「電車代がプログラムに含まれています」
c)「プログラムはボランティア用のみです」
d)「江ノ電のチケットのみが含まれています」

(89) 質問 「周辺にはどのような観光地がありますか」

正解 **b)** 「神社や景勝地がある」

解説 男性は After lunch we can see some of the local sights nearby like Enoshima

Iwaya **Cave** and Samukawa Jinja **Shrine** …「昼食後、江ノ島岩屋**洞窟**や寒川**神社**といった近くにある地元の名所を見学できます」と言っている。したがって b) が正解。

参考 a)「数か所の海岸がある」

c)「観光名所は海岸だけ」

d)「神奈川には名所が多数ある」

(90) **質問** 「2人〔カップル〕は海岸清掃後には何をしますか」

正解 **d)** 「バーベキューの昼食をとる」

解説 (88) を参照すること。

参考 a)「鎌倉に行く」

b)「ホテルに戻る」

c)「海岸を散策を楽しむ」

1. 最初に筆記試験（試験時間は 60 分）、引き続きリスニング試験（試験時間は約 30 分）が行われます。試験監督者の指示に従ってください。
2. 問題冊子は試験監督者から開始の合図があるまで開かないでください。
3. 解答用紙（マークシート）の記入欄に、氏名・生年月日・受験番号等を記入してください。
4. 試験開始の合図後、最初に問題冊子のページを確認してください。もし乱丁や落丁がある場合は、すみやかに申し出てください。
5. 解答は全て、解答用紙の該当するマーク欄を**黒鉛筆**で塗りつぶしてください。
   - 黒鉛筆またはシャープペンシル以外は使用できません。
   - 解答用紙には解答以外の記入をいっさいしないでください。
6. 辞書・参考書およびそれに類するものの使用はすべて禁止されています。
7. 筆記用具が使用不能になった場合は、係員にすみやかに申し出てください。
8. 問題の内容に関する質問には、一切応じられません。
9. 不正行為があった場合、解答はすべて無効になりますので注意してください。

【筆記試験について】

1. 試験監督者が筆記試験の開始を告げてから、始めてください。
2. 各設問は 1 から 50 までの通し番号になっています。
3. 試験開始後の中途退出はできません。（リスニング試験が受けられなくなります。）

【リスニング試験について】

1. 各設問は 51 から 90 までの通し番号になっています。
2. リスニング中に問題冊子にメモをとってもかまいませんが、解答用紙に解答を転記する時間はありませんので、注意してください。
3. 放送が終了を告げたら、筆記用具を置いて、係員が解答用紙を回収するまで席を立たないでください。

全国語学ビジネス観光教育協会

筆記試験

1

[Part A] 次の (1) から (5) の下線部分の英語に対応する最も適切な和訳を、a)、b)、c) および d) の中から1つずつ選び、マーク欄の該当する記号を黒く塗りつぶしなさい。

(1) We arrived at the <u>destination</u> in about one hour.

    a) 観光地　　　b) 目的地　　　c) 行楽地　　　d) 保養地

(2) May I have some <u>brochures</u> about Boston written in English?

    a) パンフレット　　b) ガイドブック　c) リーフレット　d) チラシ

(3) The <u>lost and found office</u> is located on the first floor.

    a) 発券所　　　b) 両替所　　　c) 案内所　　　d) 遺失物取扱所

(4) *Michi-no-eki*, is the parking lot where drivers can take a <u>break</u>.

    a) 会合　　　b) 休憩　　　c) 買い物　　　d) 仮眠

(5) The Kushiro marshland is famous for the <u>habitat</u> of red-crested white cranes.

    a) 誕生地　　　b) 観測地　　　c) 生息地　　　d) 繁殖地

[Part B] 次の (6) から (10) の下線部分の日本語に対応する最も適切な英訳を、a)、b)、c) および d) の中から 1 つずつ選び、マーク欄の該当する記号を黒く塗りつぶしなさい。

(6) 美術館への<u>入場</u>料はいくらですか。

How much is the _____ charge for the art museum?

   a) admission   b) commission   c) rental   d) usage

(7) 明朝 5 時 30 分に<u>モーニングコール</u>をお願いできますか。

Could you give me a _____ at 5:30 am tomorrow morning?

   a) cell phone   b) cordless phone

   c) prank call   d) wake-up call

(8) 片道切符それとも<u>往復切符</u>、どちらになさいますか。

Which would you like better, a one-way ticket or a _____ ticket?

   a) circle trip   b) full-day trip   c) return trip   d) round-trip

(9) 旅館に入る時には、靴を<u>脱ぎ</u>、スリッパを利用することです。

When you enter the Ryokan, you should _____ your shoes and put on the slippers.

   a) take away   b) take off   c) take out   d) take up

(10) 大文字五山送り火はお盆行事の一環として行う壮大な<u>かがり火</u>の行事のです。

The *Daimonji-Gozan-Okuribi* is the spectacular *Daimonji* _____ Event that is held as one of the Bon Festivals.

   a) Bonfire   b) Blaze   c) Flame   d) Torch

2

[Part A] 次の (11) から (15) までの対話を完成させるために下線部分に入る最も適切な英文を、a)、b)、c) および d) の中から 1 つずつ選び、マーク欄の該当する記号を黒く塗りつぶしなさい。

(11) Tourist: Can I take pictures here?
　　　Museum Staff: _____

　　　a) Yes, I can.

　　　b) Sure, go ahead.

　　　c) No, it's almost 5.

　　　d) Taking pictures is fun.

(12) Receptionist: How many nights would you like to stay?
　　　Guest: _____

　　　a) On July 27th.

　　　b) For 2 nights.

　　　c) Maybe 2 meters long.

　　　d) We don't go out at night.

(13) Customer: Do you accept Japanese yen?
　　　Salesclerk: _____

　　　a) Yes, we do.

　　　b) Yes, you can.

　　　c) No, we shouldn't.

　　　d) No, we don't agree.

(14) Passenger: _____

Station Staff: Please take the JR Yamanote Line.

a) It's near the exit.

b) I'm a stranger here.

c) Would you like a ticket?

d) How can I get to Takanawa Gateway Station?

(15) Tourist: _____

Clerk: I recommend you go to Asakusa.

a) Let's go sightseeing together.

b) Kanazawa has a lot of beautiful sites.

c) I'd like to visit some temples and shrines.

d) There are many markets along the street.

[Part B] 次の (16) から (20) までの会話を完成させるために下線部分に入る最も適切な英文を、a)、b)、c) および d) の中から 1 つずつ選び、マーク欄の該当する記号を黒く塗りつぶしなさい。

(16) Tourist Information Center Clerk: It's a lovely little church in the mountains but unfortunately it's impossible to get there by public transport.

Tourist: The pictures look great. I'd like to go there. _____

Clerk: Wow, I'm not really sure, but a lot. My guess is that it would cost at least $ 50.

a) How much would it be by taxi?

b) Is there any way to rent a canoe?

c) Are there any tours that go there?

d) Are there any restaurants nearby?

(17) Guest: Is there anyone I can speak with? _____

Hotel Assistant Manager: I'm the assistant manager. What seems to be the problem?

Guest: My room is really noisy and I can't sleep. Traffic sounds are really loud, and there's a crying baby in the next room.

a) I need to get someone from maintenance soon.

b) I'd like to extend my stay.

c) I'd like to make a complaint.

d) I need to have my luggage taken to the lobby.

(18) Tourist: I just cut my finger when I was picking up my bag. Do you have a bandage?

Ground Staff: No, sorry. We don't have any here. But you can get one _____ on the second level.

Tourist: OK. Thank you.

a) at the baggage carousel

b) at the first-aid center

c) at the lost and found office

d) at the currency exchange desk

(19) Customer: Is lunch included in this tour?

Travel Agent: Yes. _____

Customer: Sounds great! Two of us will take the tour tomorrow.

a) You can enjoy free time at Arashiyama.

b) You can enjoy *shojin-ryori* at Daitoku-ji Daisen-in Temple.

c) Admissions to temples are included.

d) Please be in the lobby at 9:00 in the morning.

(20) Tourist: Where can I catch the bus to Kinkaku-ji Temple?

Clerk: At either bus stop B2 or B3 at Karasuma Exit.

Tourist: Thank you. _____

a) We had a nice day.

b) And how long does it take?

c) Did you take many pictures?

d) Did you enjoy yourself yesterday?

3

次の文章を完成させるために、a)、b)、c) および d) を並べ換え、下線部分にある (21) から (25) に入る最も適切なものを選び、マーク欄に該当する記号を黒く塗りつぶしなさい。

Tipping causes problems for many tourists. Should you tip? Who should you tip? And how much should you tip? These are questions that many tourists ask. Tipping can be difficult. It can be difficult because tipping is common in some countries, but in other countries it is not common. Japan is one country where tipping is not common. Korea and China are also countries where ___ ___ ___ (21) . Tourists from Japan, China, and Korea have a difficult time when they go to countries where tipping is common. Tipping is something they need to learn. Tipping properly can help you ___ ___ ___ (22) . It can also be a way to show that you understand the local customs.

It is not only tourists from East Asia who ___ (23) ___ ___ . There are many countries in the world where tipping is not common. In many European countries, for example, service charges are added to the bill. Tipping is unnecessary. When you eat in a restaurant in Europe, look for the phrase "Service Included" or "A 10% Service Charge has been Added to your Bill." If you stay in big hotels that ___ (24) ___ ___ ___ , the staff will expect tips. You should tip the porter, the concierge, waiters, and housekeepers. That's a lot of tipping!

The United States is the country in the world where people tip the most. American customers at restaurants usually tip 14% to 20% of the bill. Americans usually ___ ___ ___ (25) tip when the service is bad. Giving no tip is not common at all, unless the service has been terrible.

(21) a) common   b) is   c) not   d) tipping

(22) a) better   b) to   c) service   d) get

(23) a) tipping   b) understanding   c) difficulty   d) have

(24) a) international   b) many   c) serve   d) guests

(25) a) only   b) small   c) give   d) a

4

[Part A] 次の資料を読み、(26) から (30) の問いに対する最も適切な答えを a)、b)、c) および d) の中から 1 つずつ選び、マーク欄の該当する記号を黒く塗りつぶしなさい。

Jump-the-Line: The Eiffel Tower
Tour Tickets and Small Group Tour

Book your Jump-the-Line ticket to the Eiffel Tower and leave the long lines behind! This is a fully escorted tour with an English-speaking professional guide, who will accompany you to the 2nd level of the Eiffel Tower. Before exploring, your guide will entertain you with interesting ⎵ ① ⎵ and facts about the tower and its architecture.

With a choice of departure times during the day as well as a unique sunset viewing, your Jump-the-Line tour offers the most flexible and enjoyable way to visit this must-see Paris landmark. You will have time to walk around the levels at ⎵ ② ⎵ , taking in the breathtaking Paris cityscape from this unique vantage point! Numbers are limited to 20 people on this small-group walking tour of the Eiffel Tower, ensuring you'll receive personalized attention from your guide.

Highlights
- Jump-the-Line access to the 2nd level of the Eiffel Tower.
- Choose from a morning, afternoon or sunset departure.
- Learn about the Eiffel Tower's architecture and history, going back to 1889.
- Enjoy spectacular views of Paris from a panoramic viewpoint.
- Small group limited to 20 people for a more personalized experience.
- A ticket includes the 1st and 3rd levels of the Eiffel Tower, so you can visit independently after your guided tour.

Not included
- Jump-the-Line access to the 3rd level of the Eiffel Tower.
- Hotel pick-up and drop-off.
- Gratuities (optional).

(26) Choose the most appropriate word for ① .

a) stories   b) tellers   c) travelers   d) visitors

(27) Choose the most appropriate word for ② .

a) last   b) least   c) leisure   d) length

(28) Each Jump-the-Line tour group is limited to _____.

a) 10 minutes   b) the third level

c) 20 people   d) the year 1889

(29) Which is FALSE about Jump-the-Line tours?

a) With other tickets you wait longer in line.

b) You will be picked up at your hotel.

c) You can enjoy spectacular views of Paris.

d) The guide speaks English.

(30) What is TRUE about a ticket of Jump-the-Line tours?

a) チケットはエッフェル塔の1階を除く。

b) チケットはエッフェル塔の2階を除く。

c) チケットはエッフェル塔の3階を除く。

d) チケットはエッフェル塔の3階を含む。

[Part B] 次の資料を読み、(31) か (35) の問いに対する最も適切な答えを a)、b)、c) および d) の中から 1 つずつ選び、マーク欄の該当する記号を黒く塗りつぶしなさい。

Walking Tours Around Tokyo

Come and take a walk with us! Have a guided tour around some of the most famous stations in Tokyo. It's a great way to see the city. Part history, part culture, part shopping, all fun. Better than any guidebook can offer.

Personal and flexible, we will base your tour on what you want. You decide where you want to go. Choose one destonatins, or two, or three!

Possible tour destinations ① :

- Ueno and the market of Ameyoko
- Akihabara and the Otaku World
- Shinjuku
- Shibuya and Harajuku

Take local trains and buses and enjoy the real Tokyo with our fun and knowlegeable guides.

Group Cost: 17,000 yen for the day tour per group for up to 4 people (Transportation costs and meals are extra).

Time: All tours are full-day tours, from 10:00 am to 5:00 pm

Book early as the number of guides is limited.
French, Spanish, and Chinese tours are available depending on availability of guides.
Visit our website for tour ideas: www.WalkingToursTokyo.com.

(31) Choose the most appropriate word for ①.

    a) offer   b) include   c) reserve   d) share

(32) How will the tour groups get around Tokyo?

    a) Tour bus.   b) Hired taxi.

    c) Rental bicycles.   d) Public transportation.

(33) What can tourists decide?

    a) The time of the tour.   b) The guidebook.

    c) The number of guides.   d) The tour destinations.

(34) Which is FALSE about the Walking Tours Around Tokyo?

    a) Other languages are available.

    b) The cost is 17,000 per person.

    c) There is a website with information.

    d) The tour does not include meals.

(35) Which is TRUE about the Walking Tours Around Tokyo?

    a) 観光客のメンバー数には制限がない。

    b) 顧客は多数セットされたツアーから選ぶべきである。

    c) 昼食と電車運賃はツアー客が支払うべきである。

    d) 団体の人数には柔軟性がない。

[Part C] 次の資料を読み、(36) から (40) の問いに対する最も適切な答えを a)、b)、c) および d) の中か 1 つずつ選び、マーク欄の該当する記号を黒く塗りつぶしなさい。

Tourist: I'm trying to plan the Kyoto part of my trip and I have a few questions.

Tourist Information Clerk: Sure.

Tourist: Is it true that it is hard to find a place to stay in Kyoto?

Tourist Information Clerk: No, that's not true anymore. Many new hotels have opened in recent years, including hostels, inns, and pretty little ___(36)___ with a small number of rooms and unique designs. I'll give you a list of places that I think are especially good.

Tourist: Thanks. I've also heard that Kyoto is getting really crowded.

Tourist Information Clerk: Well, that's certainly true. It gets especially crowded when cherry blossoms trees are in ___(37)___ , when the trees change colors in fall, and during the Gion Matsuri, one of Japan's most famous ___(38)___ .

Tourist: Do you think I should ___(39)___ the city at those times?

Tourist Information Clerk: Only if you hate crowds, but those are times when you can also see some things that are really special.

Tourist: Do you have any particular recommendations?

Tourist Information Clerk: I always recommend that people try the traditional ___(40)___ food called *shojin-ryori*. It contains no meat or fish. There are lots of good places to try it, but my favorite at Tenryu-ji Temple.

Tourist: OK. Thanks.

(36) Choose the most appropriate phrase for _____(36)_____.

    a) buffet dinners   b) boutique hotels

    c) camping grounds   d) resort hotels

(37) Choose the most appropriate word for _____(37)_____.

    a) operation   b) appearance

    c) bloom   d) service

(38) Choose the most appropriate word for _____(38)_____.

    a) festivals   b) sites

    c) ruins   d) cultures

(39) Choose the most appropriate word for _____(39)_____.

    a) access   b) avoid

    c) attract   d) attend

(40) Choose the most appropriate word for _____(40)_____.

    a) Shinto   b) royal

    c) artistic   d) Buddhist

5

[Part A]　次の (41) から (45) までの英文を読み、下線部分に入る最も適切な答えを a)、b)、c) および d) の中から 1 つずつ選び、マーク欄の該当する記号を黒く塗りつぶしなさい。

(41) Athens, the capital city of Greece, is an important tourist destination because of its history as one of the oldest cities in the world, the birthplace of democracy, and the host city of the first modern-day Olympic Games. Most tourists make sure to visit _____ and the Acropolis Museum.

a) Mount Athos　　　　　　　b) the Parthenon

c) the Site of Olympia　　　　d) the Temple of Apollo Epicurius

(42) _____ is an island and special territory of Chile in the southeastern Pacific Ocean. This island was found in 1722 by a Hollander named Jacob Roggeveen on Easter Day. Around 1,000 statues, named Moai, face the sea, looking at the distant skyline. The moais were built in about 1200 A.D. by the natives of this island also known as Rapa Nui.

a) Easter Island　　　　　　b) Galapagos Islands

c) Rhodes Island　　　　　　d) Tahiti Island

(43) The Palace of _____ was originally a simple hunting lodge built in 1624 by Louis XIII. His successor, Louis XIV, expanded the site into one of the largest palaces in the world. It is now one of the most popular tourist attractions in France. Each year millions of people come to see the glittering Hall of Mirrors, the Grand Gallery and the beautiful garden.

a) Alhambra　　b) Buckingham　　c) Blenheim　　d) Versailles

(44) Most visitors to Japan can eat meals with chopsticks. They are common in many Japanese, Korean and Chinese restaurants in other countries. These visitors may not know some of the important _____ for using chopsticks. For examples, they should neither stick their chopsticks vertically into a bowl of rice nor pull dishes toward them with their chopsticks.

a) crafts   b) festivals   c) manners   d) traditions

(45) Since North American restaurants regularly feature large portion sizes, it is customary for customers to request the food they do not finish to be packed for taking home with them. Asking for a _____ is surprisingly common at most restaurants. It is, however, not usually done at business lunches, or at more exclusive restaurants.

a) doggy bag   b) picnic basket

c) lunch box   d) take-away meal

[Part B] 次の (46) から (50) までの英文を読み、下線部分に入る最も適切な答え
を a)、b)、c) および d) の中から 1 つずつ選び、マーク欄の該当する記号を黒く
塗りつぶしなさい。

(46) Lake _____, the deepest and clearest of the five lakes, is noted
for its beautiful blue waters and fine trout. It is best-known for its
beautiful appearance on the reverse side of the Japanese 1,000 yen
note. It is also noted for "sakasa-fuji" which means the inverted
image of Mt.Fuji reflected in the clear waters.

   a) Kawaguchi-ko   b) Motosu-ko

   c) Shoji-ko   d) Yamanaka-ko

(47) _____ is located in the north of Kyoto, facing onto the Japan
Sea of Japan. It is noted for its sandbar with about 8,000 pine trees. It
is a narrow peninsula which juts out into Miyazu Bay. If you look at
the _____'s sandbar upside down through your legs, it appears
as if it were a suspended bridge between heaven and earth.

   a) Amanohashidate   b) Miyajima

   c) Matsushima   d) Shodoshima

(48) The _____ is best known for its award-winning garden in
Shimane Prefecture. It has been named the best garden in Japan
annually since 2003 by the "Journal of Japanese Gardening." The
garden can be enjoyed at anytime of the year and shows a different
character depending on the season. It can only be viewed from the
museum building.

   a) Adachi Museum of Art   b) Ghibli Museum, Mitaka

   c) National Art Center, Tokyo   d) Ohara Museum of Art

(49) _____ is an alcove in a Japanese-style room. It is often raised up one step the floor and decorated with a hanging scroll of a painting or calligraphy on the back wall. A vase of arranged flowers and a decorative object are usually displayed on the wooden floor as well.

   a) Kamoi   b) Ranma   c) Shikii   d) Tokonoma

(50) The _____ was originally named to commemorate the Emperor Showa who had a deep love for plants and nature. He had profound knowledge of biology and botany. This national holiday was originally designated in 1989 and held annually on April 29. But it was changed to May 4 from April 29 in 2007.

   a) Midori-no-hi   b) Kenkoku-Kinen-bi

   c) Showa-no-hi   d) Tenno-Tanjo-bi

49

リスニング試験

6

次の写真に関する説明文を聴いて、それぞれの状況を最も的確に表しているもの
を a)、b)、c) および d) の中から 1 つずつ選び、マーク欄の該当する記号を黒く
塗りつぶしなさい。（実際の試験では問題はすべて 2 回放送されますが、付属音声
では 1 回のみ収録）

◀)) 50　(51)

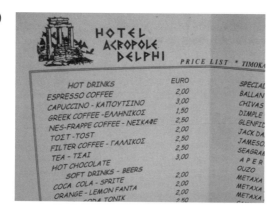

◀)) 51　(52)

第3回試験

7

次のイラストに関する説明文を聴いて、その内容を最も的確に表しているものを a）、b）、c）および d）の中から 1 つずつ選び、マーク欄の該当する記号を黒く塗りつぶしなさい。（実際の試験では問題はすべて 2 回放送されますが、付属音声では 1 回のみ収録）

◀) 55 (56)

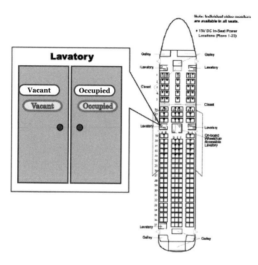

◀) 56 (57)

057

(58)

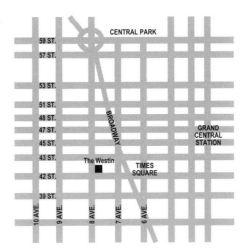

(59)

(60)

第3回試験

8

次の問いかけを聴いて、それに対する最も適切な応答を、a)、b)、c) および d) の
中から1つずつ選び、マーク欄の該当する記号を黒く塗りつぶしなさい。問題は
すべて2回放送されます。

◀) 60 (61) a) Please call the restaurant.
　　　 b) Yes, Monday through Thursday.
　　　 c) The first-aid center is also on the ground floor.
　　　 d) Room 2208, please.

(62) a) It's here on my smartphone.
　　　 b) I found it on the park bench.
　　　 c) Please accept this gift.
　　　 d) No, which way is the restroom?

(63) a) It's after 8:00 a.m.
　　　 b) Yes, but you have to transfer downtown.
　　　 c) No, I'm returning from school.
　　　 d) The airport is 25 kilometers from downtown.

(64) a) You don't require a passport.
　　　 b) Many highway bus companies offer free Wi-Fi.
　　　 c) Air travel is very convenient.
　　　 d) Certainly. It's half the price of a flight, too.

(65) a) Self Check-in machines are available at most airports.
　　　 b) For security reasons, they always do a body search.
　　　 c) Security is checked after check-in at the airport.
　　　 d) Your must go through customs inspection.

(66) a) You'll get a discount coupon.
　　 b) It's a nice way to experience Japanese culture.
　　 c) That's about two hours.
　　 d) A buffet is included.

(67) a) Yes, I reserved a table on Sunday at 6 o'clock for five people.
　　 b) Yes, I need a wake-up call tomorrow morning at 6:00 a.m.
　　 c) I'll send you infomation about the optional tour tomorrow.
　　 d) Please have some refreshments while you wait here.

(68) a) I'd like Matcha ice cream, please.
　　 b) I'd like to pay separately.
　　 c) Everything is all right except the pickles.
　　 d) The Continental breakfast is nice.

(69) a) Today Akihabara in Minato Ward is well-known as the Akiba OTAKU district specializing in anime and manga.
　　 b) The Asakusa-Bashi area is a commercial center with specialty stores selling many kinds of kimono, traditional Japasese clothing.
　　 c) Takeshita Street is a shopping area conveying the unique fashion of young people in Shinjuku.
　　 d) Kappabashi Tools Street is a popular wholesale market selling realistic plastic food samples and various kitchen utensils.

(70) a) Yes, it's delicious.
　　 b) Yes, I love to eat shellfish.
　　 c) Yes, I've ridden it before.
　　 d) No, I don't have an allergy.

9

次の会話を聴いて、それぞれの内容に関する質問の答えとして最も適切なものを a)、b)、c) および d) の中から 1 つずつ選び、マーク欄の該当する記号を黒く塗りつぶしなさい。(実際の試験では問題はすべて 2 回放送されますが、付属音声では 1 回のみ収録)

◀) 61 (71) a) A travel agent.
b) A cruise ship host.
c) A flight attendant.
d) A porter.

◀) 62 (72) a) 1
b) 2
c) 3
d) 4

◀) 63 (73) a) A hotel clerk.
b) An immigration officer.
c) A customs officer.
d) A tourist information clerk.

◀) 64 (74) a) Some identification.
b) A room number.
c) A reservation number.
d) A name.

◀) 65 (75) a) Dessert.
b) Continental breakfast.
c) The breakfast buffet.
d) The fruit buffet.

(76) a) Behind the hotel.
     b) Across the street from the hotel.
     c) Next to the hotel.
     d) Inside the hotel.

(77) a) Watch the guest eat.
     b) Get an English menu.
     c) Get some Chinese food.
     d) Bring some chopsticks.

(78) a) Go into a temple.
     b) Take off his shoes.
     c) Rinse his mouth.
     d) Put money in the offering box.

(79) a) At 2:50.
     b) At 3:00.
     c) At 3:10.
     d) At 3:30.

(80) a) 13 euros.
     b) 30 euros.
     c) 17 euros.
     d) 70 euros.

10

次の **[Part A]** と **[Part B]** を聴いて、それぞれ**英会話**の内容に関する質問の答え
として最も適切なものを a)、b)、c) および d) の中から 1 つずつ選び、マーク欄
の該当する記号を黒く塗りつぶしなさい。（実際の試験では問題はすべて 2 回放送
されますが、付属音声では 1 回のみ収録）

◄ 71 【Part A】

(81) a) The one in the Academia Gallery.
　　 b) The one in the Vecchio Palace.
　　 c) The one in Michelangelo Square.
　　 d) They are all real ones.

(82) a) Over the weekends.
　　 b) On holidays.
　　 c) On Sundays.
　　 d) On Sundays and holidays.

(83) a) They are only open from 8:30 to 7:00.
　　 b) They are usually open from 8:30 to 7:00, but on holidays from 9:00
　　　　to 2:00.
　　 c) They are open from 8:00 to 2:00, but on holidays from 9:00 to
　　　　7:00.
　　 d) They are open from 8:30 to 7:00, but on holidays from 9:00 to 8:30
　　　　in the evening.

(84) a) The Palace.
　　 b) Signoria Square.
　　 c) The Duomo.
　　 d) Michelangelo Square.

(85) a) Tomorrow.
    b) On Sunday.
    c) On Tuesday.
    d) On Wednesday.

【Part B】

(86) a) Three.
    b) Four.
    c) Five.
    d) Six.

(87) a) Costal scenery.
    b) Mild.
    c) Pretty.
    d) Recreational.

(88) a) Tsukumo Bay.
    b) Sagami Bay.
    c) Tokyo Bay.
    d) Suruga Bay.

(89) a) Many kinds of tropical trees and flowers.
    b) 3,000 fantastic rocks and minerals.
    c) Animals and insects living in Jungle.
    d) Various kinds of sub-tropical birds.

(90) a) She has been to the National Park.
    b) She is introducing the National Park.
    c) He is giving information of the National Park.
    d) Both of them have never been to the National Park.

第3回試験

筆記試験

1 観光用語の問題

【Part A】

（1）　**正解**　**b）**　「私たちは 1 時間ほどで**目的地**に着きました」

解説 **destination**「目的地」。（旅行の最終）目的地、旅先。旅行訪問先のこと。「（最終）到着地」の意味もある。また航空会社が運航している「行き先」のこと。▶ What's your final *destination*? — (My destination is) Boston.「最終目的地はどこですか―ボストンです」Where is ... ? ではない。　*destination* board「行き先（を表示する）掲示板」。反意語は origin（出発地）

参考 a）「観光地」a sightseeing resort; a tourist spot
　　　c）「行楽地」a tourist [pleasure] resort; a vacation [holiday] resort
　　　d）「保養地」a health resort; a retreat

（2）　**正解**　**a）**　「英語で書かれたボストンに関する**パンフレット**を頂けますか」

解説 **brochures**「パンフレット」。（薄い）パンフレット、案内書、小冊子（= booklet）。☆ 旅行の募集用に使うチラシ類（advertising brochure）、旅行案内書（traveling brochure）またはホテルのパンフレット（hotel brochure）▶ the latest *brochure* explaining hotel services「ホテルサービスを説明した最新の案内書」

参考 b）「ガイドブック」a guidebook; a guide
　　　c）「リーフレット」a leaflet
　　　d）「チラシ」a flyer

（3）　**正解**　**d）**　「**遺失物取扱所**は 1 階にあります」

解説 **lost and found office**「遺失物取扱所」。英国では the lost property office と言う。▶ I lost my bag in the airport.—You had better go to the *lost and found office* to get it back.「空港でバッグをなくしました―戻してもらうために遺失物取扱所へ行くほうがいいで

すよ」【掲示】LOST AND FOUND「遺失物案内所」、「お落とし物預かり所」、「お忘れ物預かり所」（東京駅の表示案内）

> **参考** a)「発券所」a ticket office [counter]
> b)「両替所」an exchange office [counter]
> c)「案内所」an information office [center]
> ☆ on the first floor《英》「2 階」

---

(4)　**正解**　**b)**　「道の駅はドライバーが**休憩**できるパーキングエリアのことです」

解説 (take a) **break**「休憩（する）」。テレビの海外放送でよく聞く We're going to take a break. は、「はい、ここでコマーシャルです」の意味。▶ We'll *take a* short *break* for a while.「しばらく少し休憩します」

> **参考** a)「会合（する）」(have a) meeting
> c)「買い物（する）」(do a lot of) shopping
> d)「仮眠（する）」(take a) nap

---

(5)　**正解**　**c)**　「釧路湿原は丹頂鶴の**生息地**で有名です」

解説 **habitat**「生息地」。the home of plants and animals [the flora and fauna]「動植物の生息地」☆ 動植物 (plants and animals) の日英語の語順に注意。▶「鯛の生息地」the *habitat* of sea bream（天津小湊町 [鯛の浦]）《千葉県》「野生猿の生息地」the *habitat* for friendly wild monkey（高崎山）《大分県》「海猫の生息地」the *habitat* of black-tailed gull（飛島）《山形県》「野生イリオモテヤマネコの自然生息地」the natural *habitat* of the Iriomote Wild Cat（西表石垣国立公園）《沖縄県》

> **参考** a)「誕生地」a birthplace; one's place of birth
> b)「観測地」an observation spot [point]
> d)「繁殖地」a breeding ground [place]

【Part B】

(6)　**正解**　**a)**　How much is the **admission** charge for the art museum?

解説 **admission** (charge)「入場（料）」(= admission fee)。単に admission とも言う。▶ *Admission* is free for invited guests or hotel guests.「招待客またはホテル宿泊者は入場無料です」☆ admission ticket「入場券」▶ Where do I have to buy an *admission ticket*?「入場券はどこで買えますか」

参考 b) commission「手数料」

　　　c) rental「賃貸料」

　　　d) usage (fee)「使用料」

(7)　**正解** **d)**　Could you give me a **wake-up call** at 5:30 am tomorrow morning?

解説 **wake-up call**「モーニングコール、目覚ましの電話」。通常は wake up と動詞を用いる。▶ Please *wake* me *up* at 6:00 tomorrow morning.「明朝 6 時に私を起こしてください」☆ 日本ではホテルのフロントまたは電話交換手からの目覚まし電話のことを「モーニングコール」というが、英語の morning call は「朝の正式訪問」の意味が強い。ちなみに日本では「軽い朝食」のことを「モーニングサービス」（正しくは breakfast special）というが英語の morning service は「教会での朝の礼拝」の意味である。

参考 a) cell phone「携帯電話」

　　　b) cordless phone [handset]; extension「子機」

　　　c) prank call「いたずら電話」

(8)　**正解** **d)**　Which would you like better, a one-way ticket or a **round-trip** ticket?

解説 **round-trip** (ticket)「往復（切符）」。英国では return ticket と言う。反意語は one-way ticket（片道切符）▶ What's the price of a *round-trip* ticket?「往復切符はいくらですか」☆ round-trip fare「《米》往復（旅行）運賃、《英》周遊（旅行）運賃」▶ What's the *round-trip fare* from Boston to New York?「ボストンからニューヨークまでの往復運賃はいくらですか」

参考 a) circle trip「周遊旅行」

　　　b) full-day trip「終日旅行」

　　　c) return trip「《米》日帰り」

(9)　**正解** **b)**　When you enter the Ryokan, you should **take off** your shoes and put on the slippers.

解説 **take off**「靴を脱ぐ」。take off ①「（服・靴などを）脱ぐ」▶ *take off* one's jacket「上着を脱ぐ」②「（飛行機が）離陸する、（船が）出航する」▶ *take off* on schedule「定刻に離陸［出航］する」③「割引する」▶ *take* 20% *off* the retail price「小売価格より 20％割引する」

参考 a) take away ① 「(物を) 運び [持ち] 去る、食卓の後片づけをする」 (= clear off, remove) ②《英》「(店で注文した飲食物を食べずに買って) 持って帰る」。☆ファーストフード店などで「ここで飲食する」かそれとも「持ち帰る」かを聞く時に用いる慣用表現である。to go (持ち帰り用の) とも言う。米国では to take out を用いる。反意語は for here。

c) take out ① 「(外に物を) 取り出す、(人を) 連れ出す」 ② 「持ち帰る」

d) take up ① 「取り上げる、持ち上げる」 ② 「(衣服の丈・袖を) 短縮する、短くする」

(10) **正解** **a)** The *Daimonji-Gozan-Okuribi* is the spectacular *Daimonji* **Bonfire** Event that is held as one of the Bon Festivals. ☞ **Column 09** 大文字五山送り火 (p.200)

解説 **Bonfire** 「篝火(かがりび)」 (= decoy fire made in an iron basket in the open air) ▶ Ukai is the ancient method of catching ayu (sweet fish, river smelt) by using well-trained cormorants. Ukai takes place on the river at night under the light of blazing *bonfires*. 「鵜飼はよく訓練された鵜をあやつりながら鮎を捕る古風な漁法である。燃える篝火のもと夜の川で行われる」

参考 b) Blaze 「火炎、閃光」

c) Flame 「炎、光彩」

d) Torch 「松明(たいまつ)」

大文字五山送り火

Great Bonfire Event on five mountains in Kyoto.

It is held annually on Mt. Nyoigatake in Kyoto on the night of August 16th as one of the Bon Festivals. It is observed to send the souls of the ancestors back to heaven after their brief return to earth. The fire is laid out in the shape of the burning Chinese character "*dai* " which means "large [great]." Other fires are lit separately on four other hills surrounding the city, which are set on fire in the shape of "*hidari-daimonji*" (a smaller "dai"), "*funa-gata*"(a boat), "*myo-ho*" (excellent law [Buddhist teaching]), and a "*torii*"(a Shinto shrine gateway).

大文字五山送り火は、お盆行事の一環として毎年 8 月 16 日の夜、京都の如意ヶ嶽（大文字山）で行われる。この行事は現世での短い滞在を終えた祖先の霊を天に送るために行われる。かがり火は「大きい」を意味する燃える漢字の「大」（左京区浄土寺・如意ヶ嶽）の形で繰り広げられる。その他の火は町の周辺にある 4 か所の丘で別々に輝き、「左大文字」（北区大北山・大文字山）、「船形」（北区西賀茂・船山）、「妙・法」（左京区松ヶ崎・西山及び東山）そして「鳥居形」（右京区嵯峨鳥居本・曼荼羅山）の形で点火される。

『和英：日本の文化・観光・歴史辞典 [改訂版]』（（山口百々男著、三修社）より

2 英語コミュニケーションの問題

【Part A】

(11) **正解** **b)** 観光客：ここで写真を撮ってもよろしいでしょうか。

博物館職員：**もちろん、どうぞ。**

解説 **博物館** 観光客は、写真撮影の許可を願っている。職員は、可能かどうかを返答する必要がある。a) は Yes, you can. であれば正解であるが、ここでは正しくない。したがって b) が正解。

参考 a)「はい、私はできます」

　　 c)「いいえ、ほとんど 5 です」

　　 d)「写真撮影はおもしろいです」

　　 ☆ take pictures「写真を撮る」 Sure 副「(質問・依頼の返答に用いて) もちろん、いいですとも」 Go ahead.「(相手を促して) さあ、どうぞ」

(12) **正解** **b)** 受付係：何泊滞在なさいますか。

宿泊客：**2 泊です。**

解説 **ホテル** 受付係は客が宿泊する滞在日数を尋ねている。客は宿泊に関する数字での返答が求められている。同じ数字でも a) 日取り、c) 長さではない。したがって b) が正解。

参考 a)「7 月 27 日です」

　　 c)「多分長さ 2 メートルです」

　　 d)「夜は出かけません」

　　 ☆ receptionist「受付係」 go out「外出する」

(13) **正解** **a)** 顧客：日本円は受理されますか。

店員：**はい、大丈夫です。**

解説 **売店** 顧客は日本円が使用できるかどうかを尋ねている。店員は Yes あるいは No のいずれかを返答すべきである。Do you accept + 目的語？の疑問文に対する返答文には代動詞 (do) を使用する。したがって a) が正解。

参考 b)「はい、あなたにはできます」

　　 c)「いいえ、すべきではありません」

　　 d)「いいえ、同意できません」

　　 ☆ accept「受け付ける」 agree「同意 [賛同] する」

(14) 正解 **d)** 乗客：高輪ゲートウェイ駅にはどのようにして行きますか。

駅員：JR 山手線を利用してください。

解説 **駅舎** 駅員は JR 山手線を利用することを勧めている。乗客は希望する駅の行き方を尋ねていることが推測できる。したがって d) が正解。 ☆高輪ゲートウェイ駅は、2020 年 3 月に JR 東日本が開業した山手線 30 番目の近代的な駅。

参考 a)「出口近くです」

b)「このあたりは不慣れです」

c)「チケットをご希望ですか」

☆ stranger「(場所などに) 初めての人、見知らぬ人」 get to (A)「(A) に着く」

---

(15) 正解 **c)** 観光客：どこか神社仏閣を参詣したいのです。

係員：浅草に行くことをお勧めします。

解説 **旅行代理店** 係員は浅草寺と浅草神社がある浅草地区を推薦している。観光客が行きたい場所には社寺がある内容が予測される。したがって c) が正解。

参考 a)「一緒に観光に行きましょう」

b)「金沢には美しい場所が多数あります」

d)「道沿いに市場は多数あります」

☆ recommend「推薦する」 a lot of (books)「多くの (本)」(= many books)

【Part B】

(16) 正解 **a)** 観光案内センター係員：山頂にある可愛い聖堂ですが、残念なことに公共交通機関を利用して行くことができません。

観光客：写真はとても素敵です。そこに行ってみたいです。**タクシーで行けばいくらほどでしょうか。**

係員：おお、よく知りませんが、高いと思います。私の推測では少なくとも 50 ドルはかかるでしょう。

解説 **観光案内所** 係員は山頂にある素敵な聖堂に行くには公共交通手段の乗り物がないと告げるが、観光客は是非行きたいと言う。そして質問している。会話の後半で係員がその乗り物は高価で、50 ドルくらいかかると返答している。したがって観光客の質問は、いくらかかるか尋ねている a) が正解。

参考 b)「カヌーを借りる手立てはありますか」

c)「そこに行くツアーはありますか」

d)「近場にどこかレストランがありますか」

☆ unfortunately「不幸にも」 public transport「公共交通機関」 guess「推測」

(17) **正解** **c)** 宿泊客：誰かお話しできる人がいますか。**苦情を言いたいのです。**

ホテル副支配人：私がアシスタントマネージャーです。何か問題がございましたか。

宿泊客：私の部屋は本当にうるさくて眠れません。交通騒音も本当に騒々しいですし、隣の部屋には泣きやまない赤子がいます。

解説 **ホテル** 宿泊客は話のできる人がいるかどうかと尋ねている。副支配人が問題を聞くと、宿泊客は、部屋がうるさくて眠むれない、また交通騒音がやかましいなど苦情を述べている。したがって、c) が正解。

参考 a)「だれか修繕係をすぐに送ってください」

b)「滞在を延期したいのです」

d)「荷物をロビーまで持っていってほしいのです」

☆ maintenance「メンテナンス、補修係」 extend「延期する」 make a complaint「苦情を言う、クレームをつける」

(18) **正解** **b)** 観光客：バッグを受け取る時に指を切りました。包帯はありますか。

地上職員：申し訳ございませんが、ここにはありません。2階の**救護所で**貰えます。

観光客：わかりました。ありがとう。

解説 **空港** 観光客は手荷物受取所でバッグを受け取る時に負傷したため包帯がもらえるか地上職員に尋ねている。包帯がありそうな場所として考えられるのは b)。

参考 a)「手荷物受取所で」

c)「遺失物取扱所で」

d)「換金所で」

☆ bandage「包帯」 first-aid center「救護所」 lost and found center「手荷物取扱所」 currency exchange「換金」

(19) **正解** **b)** 顧客：このツアーには昼食が含まれていますか。

旅行代理店業者：はい。**大徳寺大仙院で精進料理が召し上がれます。**

顧客：それはいいですね！私たち2人は明日そのツアーに参加します。

解説 旅行代理店　顧客はツアーには昼食が含まれているかどうかを尋ねている。昼食は含まれており、その中身を業者が説明していると推測できる。したがって b) が正解。☆大徳寺の見所は大仙院書院庭園と大徳寺境内で営業する京の老舗料理店での精進料理である。

参考 a)「嵐山では自由時間を楽しめます」
c)「寺院の拝観料は含まれています」
d)「朝 9 時にはロビーに居てください」
☆ include「含む」　enjoy「楽しむ」

(20) **正解**　**b)**　観光客：金閣寺に行くバスはどこで乗車できますか。
係員：烏丸口での B2 または B3 のバス停いずれでも結構です。
観光客：ありがとう。**そして所要時間はどれくらいですか。**

解説 バスターミナル　観光客は金閣寺行きのバス停を尋ねている。係員は 2 か所のバス停を案内している。選択肢を見ると、バスと関連する内容は 1 つしかない。したがって b) が正解。

参考 a)「私たちは楽しかったです」
c)「写真をたくさん撮りましたか」
d)「昨日は楽しかったですか」
☆ take a picture「写真を撮る」　enjoy oneself「楽しむ」

3 英文構成の問題

(21) **正解** **a)** Korea and China are also countries where **tipping is not common**.
韓国と中国も**チップ制度が通常実施されていない**国である。

解説 「主語（tipping）＋動詞（is）＋補語（common）」という基本文型を把握すること。この文型を否定語（not）で否定文にしたものが正解の文である。

(22) **正解** **c)** Tipping properly can help you **to get better service**.
チップ制度はあなたが**よりよいサービスを受けるのに**役立つことがある。

解説 「動詞（get）＋目的語（service）」の形を捉えること。better は 形 good の比較級であり、图 service を修飾する。動 help の後に不定詞を用いる（help you to do）のは英式、原形不定詞を用いる（help you do）のは米式である。▶ His letter of recommendation *helped* me (*to*) get the job.「彼の推薦状は私の就職に役立った」

(23) **正解** **c)** It is not only tourists from East Asia who **have difficulty** understanding **tipping**.
チップ制度を理解するのに苦労するのは東アジアからの観光客だけではない。

解説 「have + difficulty (in) + doing（動名詞）」の、「〜するのに苦労する（= have trouble (in) doing; have a hard time doing)」という熟語である。▶ I *have difficulty (in) remembering* her name.「僕は彼女の名前がなかなか思い出せない」

(24) **正解** **c)** If you stay in big hotels that **serve many international guests**, the staff will expect tips.
多数の国際上の来客を待遇する大型ホテルなどに滞在する場合、スタッフはチップを期待する。

解説 「動詞（serve）＋目的語（guests）」の形を捉えること。形 many は international guests（国際上の客）を修飾する。

(25) **正解** **b)** Americans usually **give only a small** tip when the service is bad.
サービスが悪い場合、アメリカ人は通常**チップをほんの少なめに渡す**。

解説 「主語（Americans）＋動詞（give）＋目的語（tip）」の基本文型を理解する。形 small は 图 tip を、冠 a は small tip を修飾する。副 only は数量・程度などを表す単語の前に使用する（ほんの、〜だけ、〜のみ）。▶ *only* a little「ほんの少し」 *only* three times「3 回だけ」

第3回試験 解答と解説

【Part A】

(26) 「⬚ ① ⬚に該当する最も適切な単語を選びなさい」

正解 **a)** **stories** 「物語、話」

解説 資料はエッフェル塔のツアーの紹介文である。空所前に your guide will entertain you with ... とあるので、ガイドから提供され楽しむものである。したがって a) が正解。

参考 b) tellers 「話者」 c) travelers 「旅行者」 d) visitors 「来訪者」

(27) 「⬚ ② ⬚に該当する最も適切な単語を選びなさい」

正解 **c)** **(at) leisure** 「気楽 (に)、のんびり (と)」

解説 資料には、your Jump-the-Line tour offers the most flexible and enjoyable way とあり、気楽にツアーを楽しめることが推測できる。したがって c) が正解。

参考 a) (at) last 「最後に」
b) (at) least 「少なくも」
d) (at) length 「ついに、長々と」

(28) 「どの Jump-the-Line ツアー団体も___に制限されている」

正解 **c)** **20 people** 「20 名」

解説 **Highlights** の項目に Small group limited to **20 people** for a more personalized experience. 「自分独自の体験をするために小団体は **20 名**に限定されている」と記載されている。したがって c) が正解。

参考 a) 10 minutes 「10 分」
b) the third level 「3 階」
d) the year 1889 「1889 年」

(29) 「Jump-the-Line ツアーに関する**正しくない記述**はどれですか」

正解 **b)** **You will be picked up at your hotel.** 「ホテルで迎えられる」

解説 **Not included** の項目に **Hotel pick-up and drop-off**. 「**ホテルの送迎**」と記載されている。したがって b) が正解。

参考 以下すべて**正しい記述**である。
a) 「他のチケットの場合列に並んで長く待つ」資料の最初に leave the long lines behind とある。

c）「パリの絶景が堪能できる」資料の2段落目に breathtaking Paris cityscape と記載されている。

d）「ガイドは英語が話せる」資料の1段落目に with an English-speaking professional guide と記載されている。

---

(30)「Jump-the-Line ツアーのチケットに関する**正しい記述**はどれですか」

正解 **d)** チケットはエッフェル塔の3階を含む。

解説 **Highlights** の欄に、A ticket **includes the 1st and 3rd levels** of the Eiffel Tower. 「チケットはエッフェル塔の**1階と3階を含む**」と記載されている。したがって d) が正解。

参考 以下すべて**正しくない記述**である。

a）チケットはエッフェル塔の1階を除く。1階を含む。

b）チケットはエッフェル塔の2階を除く。ツアーの中で2階を巡る。

c）チケットはエッフェル塔の3階を除く。3階を含む。

【Part B】

(31)「　①　 に該当する最も適切な単語を選びなさい」

正解 **b)** **include**「含む」

解説 **Possible tour destinations**（選択可能なツアー目的地）として複数の地名を例に挙げている。したがって b) が正解。

参考 a) offer「提供する」　c) reserve「予約する」　d) share「分配する」

---

(32)「ツアーの団体はどのようにして東京をあちこち移動しますか」

正解 **d)** **Public transportation**「公共交通機関」

解説 資料には、Take **local train** and **buses** ...「（各駅に停まる）**普通列車**と**バス**を利用してください」と記載されている。したがって d) が正解。

参考 a) Tour bus「観光バス」

b) Hired taxi「ハイヤー（貸し切りタクシー）」

c) Rental bicycles「貸し自転車」

---

(33)「観光客が決められるのは何ですか」

正解 **d)** **The tour destinations**「ツアーの目的地」

解説 Personal and flexible, we will base your tour on what you want. **You decide**

第3回試験　解答と解説

where you want to go. 「個別に、フレキシブルに、あなたの望むツアーにします。**行きたい場所を決めることができます**」と記載されている。したがって d) が正解。

> **参考** a) The time of the tour「観光の時間」
> b) The guidebook「ガイドブック」
> c) The number of guides「ガイドの人数」

(34)「東京周辺の散策ツアーに関する**正しくない記述**はどれですか」

　　正解　**b)**　**The cost is 17,000 per person.**「費用は 1 人につき 17,000 円です」

> **解説** 資料には、**Group Cost:** 17,000 yen for the day tour **per group**「団体につき 1 日料金 17,000 円」と記載されている。per person（1 人当たり）ではなく、per group「団体につき」である。したがって b) が正解。

> **参考** 以下の記載は**正しい記述**である。
> a)「多様な言語が利用できる」フランス語、スペイン語、中国語のガイドが利用可能。
> c)「情報が入っているウェブサイトがある」資料の最後に URL が記載されている。
> d)「ツアーには食事は含まれていない」Group Cost に別料金と記載されている。

(35)「東京周辺の散策ツアーに関する**正しい記述**はどれですか」

　　正解　**c)**　　昼食と電車運賃はツアー客が支払うべきである。

> **解説** **Group Cost** の項目に Transportation costs and meals are **extra**.「交通費と食事は**別途**支払いである」と記載されている。したがって c) が正解。

> **参考** 以下すべて**正しくない記述**である。
> a) 観光客のメンバー数には制限がない。4 人までと制限されている。
> b) 顧客は多数セットされたツアーから選ぶべきである。顧問の行きたい場所に行ける。
> d) 団体の人数には柔軟性がない。4 人までという制限しかない。

(36) 「　(36)　に該当する最も適切な語句を選びなさい」

正解　b)　boutique hotels「ブティックホテル」（おしゃれなデザインを施しているホテル）

解説 空欄後の with a small number of rooms and unique designs「少数の部屋とユニークなデザインを施した」をヒントに選ぶ。したがって b) が正解。

参考 a) buffet dinners「ビュッフェディナー」
　　c) camping grounds「キャンプ場」
　　d) resort hotels「リゾートホテル」

(37) 「　(37)　に該当する最も適切な単語を選びなさい」

正解　c)　(in) bloom「(花が) 咲いている」

解説 職員は京都が混み合う時季を説明している。秋の紅葉、祇園祭以外に考えられるのは桜が咲いている時季である。したがって c) が正解。

参考 a) (in) operation「作業中、運転中」
　　b) (in) appearance「見たところ、外見は」
　　d) (in) service「使用中、運行中」

(38) 「　(38)　に該当する最も適切な単語を選びなさい」

正解　a)　festivals「祭り」

解説 祇園祭が日本で最も有名な何なのかを考える。したがって a) が正解。

参考 b) sites「敷地」　c) ruins「遺跡」　d) cultures「文化」

(39) 「　(39)　に該当する最も適切な単語を選びなさい」

正解　b)　avoid「避ける」

解説 観光客は前文で「京都は春に桜、秋に紅葉、そして祇園祭などの時季には人出が多く、混み合う」、さらに「もし人混みが嫌いであれば (そうすべき)」と言われている。人混みが嫌いな場合とる行動は b)「避ける」と推測できる。

参考 a) access「接近する」　c) attract「引き付ける」　d) attend「出席する」

(40) 「____(40)____ に該当する最も適切な単語を選びなさい」

正解 **d)** **Buddhist**「仏教の」

解説 職員は精進料理の説明をしている。精進料理は伝統的な仏教の食べ物である。したがって d) が正解。

参考 a) Shinto「神道」　b) royal「王室の」　c) artistic「芸術的な」

【Part A】

(41) 正解 b） the Parthenon 「パルテノン神殿」

和訳 ギリシャの首都アテネは、世界最古の都市、民主主義の発祥地、最初の近代オリンピック競技の主催地としての歴史により重要な観光目的地である。多数の観光客は**パルテノン神殿**やアクロポリス博物館を必ずと言ってよいほど訪れる。

解説 解法のカギは、「ギリシャの首都・アテネにあること」そして「最初の近代オリンピック競技の発祥地」である。パルテノン神殿は観光アテネ市の象徴である。また 1987 年世界遺産として登録された「アテネのアクロポリス」の中心的な観光地である。

参考 以下の観光地は、アテネ市以外の所在地におけるギリシャの由緒あるユネスコ世界遺産の関連遺産である。

　a） Mount Athos 「アトス山」。エーゲ海に突き出たアトス半島にそびえる山（標高 2,033m）。20 もの修道院があり、東方正教の中心地である。

　c） the Site of Olympia 「オリンピアの遺跡」。オリンピアはペロポネソス半島西部にある古代ギリシャの都市。古代オリンピックが行われた場所であり、数多くの遺跡が点在する。

　d） the Temple of Apollo Epicurius 「アポロ・エピクリオス神殿」。メッシニア県のバッサイ山にある神殿遺跡。この神殿にはドーリス式・イオニア式・コリント式の各スタイルが見られるギリシア建築様式がある。

(42) 正解 a） Easter Island 「イースター島」（世界遺産）

和訳 **イースター島**は南東太平洋のチリ領に浮かぶ島である。1722 年のイースター（復活祭）の日にヤーコプ・ロッヘフェーン（海軍提督）という名のオランダ人によって発見された。モアイという名の約 1,000 体の像がはるか遠い地平線を眺めながら洋上に面している。モアイ像は「ラパ・ヌイ」でも知られるこの島の原住民によって 1200 年頃に製造された。

解説 解法のカギは、「チリ領の島」と「モアイ像の所在地」である。イースター島はチリ本土から西へ約 3,800km 沖合の太平洋上に浮かぶ孤島である。全体がラパ・ヌイ国立公園に指定されている。

参考 世界有数の由緒ある島々である。

　b） Galapagos Islands「ガラパゴス諸島」（世界遺産）。東太平洋の赤道下にあるエクアドル領の島。エクアドル本土より西約 900km に浮かぶ大小多くの島と岩礁から成る。

　c） Rhodes Island 「ロドス島」。エーゲ海のアナトリア半島沿岸部にあるギリシャ領の島。聖ヨハネ騎士団が築いた城塞がある「ロドスの中世都市」は世界遺産である。

d) Tahiti Island「タヒチ島」。南太平洋フランス領ポリネシアに属するソシエテ諸島にある島。南太平洋有数のリゾート地として世界的に有名である。

(43) 正解 d) Versailles「ヴェルサイユ（宮殿）」（世界遺産）

和訳 **ヴェルサイユ宮殿**は 1624 年ルイ 13 世が建造した簡素な狩猟小屋が始まりであった。その後継者ルイ 14 世は世界最大の宮殿へと拡張した。今ではフランスの最も人気のある観光地となっている。毎年数百万の人が、華麗な「鏡の間」や「グランドギャラリー」、そして美しい庭園を見物するために訪れる。

解説 解法のカギは「ルイ 14 世の宮殿」と「鏡の間」である。

参考 欧州における世界有数の宮殿の世界遺産である。
- a) Alhambra「アルハンブラ（宮殿）」。スペインのアンダルシア州古都グラナダ県の丘陵に位置する宮殿。「ナスル朝宮殿」、「アルカサバ城塞」そして「ヘネラリーフェ庭園」の 3 エリアから成る。
- b) Buckingham「バッキンガム（宮殿）」。イギリスのロンドンにある宮殿。エリザベス女王の公邸である。イギリスの名物である壮麗な「衛兵交代式」が見物できる。
- c) Blenheim「ブレナム（宮殿）」。イギリスのウッドストックにあるイギリスを代表するバロック様式の宮殿。第 11 代マールバラ公爵の豪華な館。元首相チャーチルの生家でもよく知られる。

(44) 正解 c) manners「作法」

和訳 訪日客の多くは箸を使って料理を食べる。他国における多くの日本料理店、韓国料理店、中華料理店でも共通している。これらの客は箸を使う重要な**作法**を知らないかもしれない。例えば、お茶碗に盛られたご飯の上に箸を真っ直ぐ突き刺さないこと、また箸で料理を自分の手前に引っ張らないことなどである。

解説 For example 以下は箸の使い方に関する「マナー（作法）」について述べている。

参考 a) crafts「工芸、手芸」　b) festivals「祭事」　d) traditions「伝統」

(45) 正解 a) doggy bag「ドギーバッグ（食べ残しをつめる袋）」

和訳 北米レストランでの特色といえば 1 人前の分量が多いことなので、客は食べ残した料理をつめて家に持ち帰れるよう依頼する習慣がある。大抵のレストランでは**ドギーバッグ**を欲しいと申し出ることは決して珍しいことではない。そうだと言っても、通常はビジネスランチや高級レストランではありえないのである。

解説 最初から料理を持ち帰る bag や container ではなく、あくまでも「食べ残しをつめる bag」のことである。doggy [doggie] bag は直訳すると「ワンちゃん用の袋」である。ドッグフードが登場したので最近では doggy bag という単語はあまり使用しないようである。Can I have a box for the leftovers? と言っても通じる。

b) picnic basket「ピクニック用のバスケット」

c) lunch box「弁当箱」(= lunch bag; bento box) ☆ box lunch は「弁当」の意。

d) take-away meal「持ち帰り用の食事」

【Part B】

(46) 正解 b) Motosu-ko「本栖湖」

和訳 **本栖湖**は五湖中最深で最も透明度があり、きれいな青い湖水とすばらしいマスで有名である。日本の千円札の裏面に見られる美しい景観でよく知られる。また澄んだ湖面に映る富士山の逆さまの姿、つまり「逆さ富士」でも有名である。

解説 解法のカギは、「富士五湖の中で最深」そして「日本の千円札に見られる逆さ富士」である。

参考 富士五湖はユネスコ世界文化遺産「富士山―信仰の対象と芸術の源泉」の構成資産の一部として登録されている。

a) Kawaguchi-ko「河口湖」。富士五湖中最長の湖岸線を持つ。四季折々の表情が楽しめる。春の桜、秋の紅葉、冬の雪をかぶった富士山、特に湖面に映る逆さ富士は絶景である。

c) Shoji-ko「精進湖」。富士五湖中最小で、三方を森林の生い茂った山に囲まれ、樹木のかなたにそびえる富士山の美しい姿が眺められる。

d) Yamanaka-ko「山中湖」。富士五湖中最大の面積を持つ。夏は涼しくキャンプ用の施設も整い、冬のスケート場としてもよく知られている。この湖はマリモがあることでも有名である。

(47) 正解 a) Amanohashidate「天橋立」

和訳 **天橋立**は京都北部にあり日本海に面している。約8千以上の松の樹木が自生する砂州でよく知られる。宮津湾に突き出た狭い半島である。開いた両足の間からこの砂州を逆さにのぞくと、天と地の間にある掛け橋のように見える。

解説 解法のカギは、日本海の宮津湾に浮かぶ「飛龍観」（天に舞う龍のように見える全長3.6km の湾口砂州）である。

参考 以下、b) と c) は日本三景（宮島・松島・天橋立）である。

b) Miyajima「宮島」《広島県》。正しくは「厳島」（世界遺産）と呼ばれ、瀬戸内海に浮かぶ厳島神社は古来崇敬の対象としての聖所。海中に立つ社殿と海中に浮かぶ朱塗りの鳥居が有名である。

c) Matsushima「松島」《宮城県》。松の木に覆われた数々の小島が点在する美しい湾と静かな海岸で有名である。松島湾の島は海食の結果ユニークな形となり、海水によって穴のあいた洞窟、トンネルそしてアーチ道がある。

d) Shodoshima「小豆島」《香川県》。この島は美しい入江、浜辺、山地そしてひなびた集落や美しい渓谷に富んでいる。またオリーブの栽培で知られ、その花は県花でもある。

(48) 正解 a) Adachi Museum of Art「足立美術館」

和訳 足立美術館は島根県にある受賞歴のある庭園としてよく知られている。『ジャーナル・オブ・ジャパニーズ・ガーデニング』（米国の日本庭園雑誌）で2003年以降ずっと日本最優良庭園として選出されてきた。庭園は年間を通じて観賞でき、季節にもよるが多様な特性を見せている。庭園は美術館の建物から眺められる。

解説 解法のカギは、2003年以降長年世界で「日本最優良庭園」（18年連続日本一）と評価されてきた「島根県」の登録美術館である（2020年ランキング時点）。130点におよぶ横山大観の作品と世界有数の日本庭園で有名ある。

参考 以下は日本有数の美術館である。

b) Ghibli Museum, Mitaka「三鷹の森ジブリ美術館」《東京都》。株式会社スタジオジブリの日本アニメーション作品を展示する美術館である。日本最高のアニメ映画監督である宮崎駿によって発案された。美術館には2種の展示（常設展示と特別仮設展示）がある。

c) National Art Center, Tokyo「国立新美術館」《東京都》。日本で5番目の国立美術館として2007年に開館した。外観は波打つ近代的なガラスのファサードで覆われている。

d) Ohara Museum of Art「大原美術館」《岡山県》。1930年に大原孫三郎がギリシア神殿を模倣して建てたものである。ピカソやロダンのような世界的に有名な画家また彫刻家の作品が収蔵されている。

(49) 正解 d) Tokonoma「床の間」

和訳 床の間は和室にあるアルコーブ（くぼみの小部屋）である。部屋の床より一段高く上がっており、絵画や書道の掛け軸で飾られている。生け花や芸術品が木の床に飾られたりもする。

解説 解法のカギは、「和室にある掛け軸・生け花・芸術品などを飾る小さなくぼみの部屋」である。

参考 以下は、伝統的な日本間に見られる。

a) Kamoi「鴨居」。建具（襖など）を入れるために上部に取り付けられる横木のこと。

b) Ranma「欄間」。天井と投押（なげし）の間に設けられた開口部のこと。透かしや装飾を施した板などをはめ込む。

c) Shikii「敷居」。建具（襖など）を入れるために下部に取り付けられる横木のこと。

(50) 　正解　　**a)** 　**Midori-no-hi**「みどりの日」（5月4日）

　和訳　**みどりの日**は元来植物や自然をこよなく愛されていた昭和天皇を追悼するために命名された。天皇は生物学や植物学に深い造詣があった。この祝日は元来 1989 年に制定され、毎年 4 月 29 日に行われていた。しかし 2007 年には 4 月 29 日から 5 月 4 日に変更された。

　解説　昭和天皇に関連し、2007 年に 4 月 29 日から 5 月 4 日に移動変更された祝日は「みどりの日」である。したがって a) が正解。設問はみどりの日が移動変更された記述であるが本来の意義は下記の内容である。

The **Greenery Day** was established in 2007 as a day to commune with nature, to be thankful for blessings of nature and to foster an abundant spirit of nature. In Japan, May is the best season of fresh green before the rainy season. In May, woods grow greener and trees put on new green leaves. It is the perfect season for leisurely activities in nature.

みどりの日は自然に親しみ、その恩恵に感謝し、豊かな心をはぐくむ日として 2007 年に制定された。日本では 5 月といえば梅雨前の新緑の季節である。5 月になると森は青々と繁り、木々は新緑を装う。自然の中でのレジャーを楽しむためには最適のシーズンである。『自然に親しむとともにその恩恵に感謝し、豊かな心をはぐくむ』（内閣府より）

　参考　b）Kenkoku-kinen-bi「建国記念日」
　　　　c）Showa-no-hi「昭和の日」
　　　　d）Tenno-tanjo-bi「天皇誕生日」 ☞ **Column 10** 　建国記念の日・昭和の日・天皇誕生日（p.216-217）

建国記念の日・昭和の日・天皇誕生日

① 建国記念の日（2月11日）

National Foundation Day was established in 1966 and first held in 1967 as a day to celebrate the establishment of the nation and to foster a love for the country. From 1872 to 1948, February 11 was known as Kigensetsu, a holiday commemorating the legendary enthronement of Japan's first emperor Jimmu who founded the imperial line in 660 BC (according to the *Nihon-shoki*).

1966年に国民の祝日に加えられ、翌1967年（2月11日）から適用された。日本の建国を記念し、また愛国心を養うために祝う。1872年から1948年までは2月11日は紀元節として、伝説上の初代天皇（紀元前660年に皇族家系を築く神武天皇）即位を記念する祝日であった。

★第2次世界大戦終結まで「紀元節」として祝っていた。しかし歴史的根拠がないということで戦後しばらくの間中断されたが1967年国民の祝日「建国記念の日」として復活した。ちなみに「建国記念日」と表記される時期があったが、「事実に基づいて建国された日」ではなく単に「建国されたという事実を祝う」という意味から「建国記念の日」となった。『建国をしのび、国を愛する心を養う』（内閣府より）

② 昭和の日（4月29日）

Showa Day was established in 2007 as a day to reflect on the events of he Show era. The Japanese celebrate the birthday of Showa Emperor who reigned before, during and after World War Ⅱ. This holiday is celebrated to think back on Japan's Showa era when Japan made a recovery in difficult days, and to think of the country's bright future. The Japanese named the day "Showa Day" because they hoped to be happy after overcoming hardships. This day marks the start of Golden Week, or the longest consecutive holidays in the year which lasts till Children's Day on May 5.

昭和の日は昭和時代を回顧する日として2007年に制定された。戦前・戦中・戦後にわたって在位された昭和天皇[裕仁天皇]（1901-1989）の誕生日を祝う。日本が激動の日々

を経て復興を遂げた昭和の時代を顧み、国の明るい将来に思いをいたすために祝う。困難を乗り越えて日本に幸せが訪れてほしいという思いを込めてこの日を「昭和の日」と名付けた。この日からゴールデンウィークという年間でも最も長い連休が始まり5月5日の「こどもの日」まで続く。

★昭和天皇の在位中は1988年まで4月29日が「天皇誕生日」だった。1989年昭和天皇は崩御され12月23日に移行した。その後も「みどりの日」として残った。2007年「みどりの日」は「昭和の日」に改称され、「みどりの日」は5月4日に移行された。『激動の日々を経て、復興を遂げた昭和の時代を顧み、国の将来に思いをいたす』(内閣府より)

③ 天皇誕生日 (2月23日)

Emperor's Day was established in 1863 as a day to celebrate the birthday of the reigning Emperor. The Emperor Akihito abdicated the imperial throne while he was alive on April 30, 2019 and his son, Crown Prince Naruhito became the new Emperor on May 1. With change in throne, the new Emperor's birthday was set out as a national holiday starting in 2020. The Emperor Naruhito was born on February 23, 1960. It is customary for the Emperor and the Imperial family to appear on the balcony of the Imperial Palace and exchange greetings with the general public.

天皇誕生日は1863年に天皇の誕生日を祝う国民の祝日として制定された。2019年4月30日に明仁天皇は生前退位され、5月1日にその子徳仁皇太子は新天皇になった。皇位が変わることによって、新天皇の誕生日は2020年に始める祝日として開始され、1960年2月23日に誕生された現徳仁天皇の誕生日を祝うことになる。天皇は皇族の方々と皇居のバルコニーに姿を現し、習わしとして国民と挨拶を交わす。

★2019年4月30日に明仁天皇が退位された後、2019年には天皇誕生日はなかった。2019年5月1日、明仁上皇から今上天皇への譲位に伴い、上皇 (Emperor Emeritus)の誕生日 (12月23日) から移行した。2020年から実際の「天皇誕生日」が運用された。

『和英：日本の文化・観光・歴史辞典 [改訂版]』((山口百々男著、三修社) より

6 「写真」による状況把握

音声の内容

🔊 50 (51) **a)** The prices of beverages are shown on the menu.

　　　　b) This is the in-flight meal menu.

　　　　c) This is the activities' price list.

　　　　d) The bill has many items.

🔊 51 (52) **a)** The plane is ready to take off.

　　　　b) People are now boarding the plane.

　　　　c) Passengers are going down the stairs from the airplane.

　　　　d) A man is loading baggage into the plane.

🔊 52 (53) **a)** There is a restaurant in the square.

　　　　b) Many people are sitting in the chairs in the lobby.

　　　　c) The restaurant is located on the platform.

　　　　d) All the seats are taken in the outside café.

🔊 53 (54) **a)** The vending machine sells only single subway tickets.

　　　　b) Bus transfer ticket is also available from this vending machine.

　　　　c) This is the latest type of ticket vending machine.

　　　　d) The monitor shows fares to each destination.

🔊 54 (55) **a)** People are passing through the torii gate.

　　　　b) Chinese characters are written on the hanging scroll.

　　　　c) People are playing in front of the main building of the temple.

　　　　d) The paper lanterns have the name of the temple on them.

(51) 正解 a）「飲料物の価格はメニューに記載されている」

解説 ホテルなどのレストランによく見かける「献立表」（a menu; a bill of fare）である。向かって左側には「飲料物」（beverages）と右側には「価格」（prices）が記載されている。したがって a) が正解。

参考 b)「これは機内食のメニューである」
　　　 c)「これは活動の価格表である」
　　　 d)「請求書には多数の品目がある」
　　　☆ bill「請求書、勘定書き」（=《米》check）

(52) 正解 c）「乗客は飛行機から階段を降りている」

解説 飛行機の「タラップ」（a ramp; a gangway ladder）がある。写真では降機する人が多い。したがって c) が正解。「タラップ」（trap）はオランダ語で「階段」（landing steps）の意味。⤷ **Column 11** flight の種類（p.220-221）

参考 a)「飛行機は離陸体制にある」
　　　 b)「人々が現在飛行機に搭乗している」
　　　 d)「男性は飛行機に手荷物を積んでいる」
　　　☆ take off「離陸する」 load「（荷物を）積む」

(53) 正解 c）「レストランは（プラット）ホームにある」

解説 写真ではレストランが駅舎の歩廊にある「ホーム」（a departure [an arrival] platform）まで延長している。したがって c) が正解。

参考 a)「広場にはレストランがある」
　　　 b)「大勢の人はロビーの椅子に腰掛けている」
　　　 d)「野外カフェでは満席となっている」
　　　☆ square「広場」 All the seats are taken「満席である」

(54) 正解 b）「バス乗り換え切符は（自動）販売機からも入手できる」

解説 都会ではお馴染みの「自動券売機」（an automatic ticket vending machine）である。券売機の上の方に「地下鉄→市バス連絡券」とあるので b) が正解。☆ transfer ticket「乗り換え切符、乗換券」。単に transfer とも言う。アメリカの市内バスはこの切符をもらうと別料金を払わないで乗り換えることができる。▶ You can obtain a *transfer ticket* from the bus driver, which permits you to board another bus without paying an additional charge.

「追加料金を支払うことなく他のバスに乗れる乗り換え切符をバス運転手からもらえます」

参考 a)「（自動）販売機は地下鉄の片道切符のみ販売している」

c)「これは最新の（自動）券売機である」

d)「モニターには各目的地行きの運賃が表示されている」

☆ single ticket「片道切符」

(55) 正解 d) 「提灯には寺院名がある」

解説 選択肢には日本の「寺院」(the Buddhist Temple) に関する用語がある。写真は a)「鳥居」(the torii gate) ではなく、また c)「本堂」(the main building) は見当らない。寺院の名称「東寺」（世界文化遺産）が記載された「提灯」(the paper lanterns) がある。したがって d) が正解。

参考 a)「人々は鳥居を通過している」

b)「漢字が掛け軸に書かれている」

c)「人々は寺院の本堂前で演奏（上演）している」

☆ hanging scroll「掛け軸」

Column 11 flight〔FLT〕の種類

flight 图 飛行、飛行便、飛行機、（飛行機の）便、空の旅

【A】air cargo flight　貨物専用便

　　aircraft [airplane] flight　航空機飛行

　　arriving flight　到着便

【C】cancelled flight　欠航便

　　casual flight　不定期便

　　charter(ed) flight　貸切り便

　　connecting flight　接続便、乗り継ぎ便

　　commuter flight　通勤旅客機

　　connecting flight　接続便

【D】departing flight　出発便

　　direct flight (from A to B)　（A-B 間の）直行便

　　domestic flight　国内便

dual flight　同乗飛行

【E】 extra flight　臨時便

【F】 final [last] flight　最終便

first available flight　（目的地に飛ぶ便の中で）一番早く搭乗できる飛行便

【I】 inaugural flight　就航飛行☆ 新しい路線の 1 番機（新設路線などの就航便）

inbound flight　帰国便、到着便（= return flight）⇔ outbound flight

instrument flight　計器飛行

intercontinental flight　大陸間飛行便

internal flight　国内便

international flight　国際便

【L】 last flight　最終便（= final flight）

long-distance flight　長距離便

low-cost flight　【LCC】格安便

【M】 maiden flight　新器材［新型機］の初飛行

midnight flight　［MN］深夜便

morning flight (to Boston)　（ボストン行きの）朝便

【N】 night flight　夜行便

nonscheduled flight　不定期便

nonstop flight　直行便

【O】 outbound flight　出発便、出国便（= outgoing flight）⇔ inbound flight

【R】 regular flight　定期便

reserved flight　搭乗予定便

round-trip flight　往復便

【S】 scheduled flight　定期便

shuttle flight　シャトル便（通勤・通学用定期往復便）

special flight　臨時便

【T】 through flight　直行便（= nonstop flight）

『観光のための中級英単語と用例』（（山口百々男著、三修社）より

音声の内容

◀)) 55 (56) a) The lavatory on the left is not available now.

b) The lavatory on the right is full of baggage.

c) The lavatory on the left is out of order.

d) Someone is in the lavatory on the right.

◀)) 56 (57) a) The regular price of admission for an adult is 35 dollars.

b) Adults and children pay the same rate.

c) The regular price of admission for a child is 32 dollars.

d) A family of four should pay an additional 28 dollars.

◀)) 57 (58) a) The Westin Hotel is located on Broadway.

b) The Westin Hotel is located on the corner of 42nd Street and 8th Avenue.

c) The Westin Hotel is across from the Grand Central Station.

d) The Westin Hotel is next to Times Square.

◀)) 58 (59) a) The map shows popular hot spring resorts.

b) These are famous Japanese pottery producing areas.

c) These five places are known as old castle towns.

d) These five places have beautiful beaches.

◀)) 59 (60) a) This gesture shows gratitude to other people.

b) People clap their hands to pray at shrines.

c) People bow when meeting someone for the first time.

d) This gesture is used for cheering.

(56) **正解** **d)** 「右側の化粧室は誰かが使用している」

解説 lavatory（化粧室）には occupied（使用されている）と vacant（使用されていない）の標識がある。イラスト向かって右側の lavatory は **occupied**「使用中」であり、使用している人がいることを表示している。したがって d) が正解。

参考 a)「左側の化粧室は現在利用できない」
b)「右側の化粧室は手荷物で満杯である」
c)「左側の化粧室は故障中である」
☆ be full of「満ち（てい）る、いっぱい」 out of order「故障中」

(57) **正解** **c)** 「子供用入場料の正規値段は 32 ドルである」

解説 テーマパークの入場料が記載されている。イラストには、Special（特価）と表示され、その下に KIDS 3-11 **$25 SAVE $7**「3歳から11歳の子供は25ドルで7ドル節約」と記載されている。つまり正規値段は 32 ドル（$25+$7）である。したがって c) が正解。

参考 a)「大人用入場料の正規値段は 35 ドルである」
b)「大人と子供は同じ料金を支払う」
d)「4人家族は追加の 28 ドルを支払うべきである」
☆ rate「価格、値段」 additional (charge)「追加料金、割増料金」。ホテルなどのチェックアウト時間後継続して部屋を使用する時に追加する料金のこと。

(58) **正解** **b)** 「ウェスティンホテルは42通り（42番ストリート）と8番街（8番アベニュー）の角に位置する」

解説 問題はウェスティンホテルの所在地である。地図をよく見ると、左側には **42-ST**、下方に **8-AVE** と描かれている。したがって b) が正解。

参考 a)「ウェスティンホテルはブロードウェイに位置する」
c)「ウェティンホテルはグランドセントラル駅から横切ったところ（真向かい）にある」
d)「ウェスティンホテルはタイムズスクエアに隣接している」
☆ avenue《米》「大街道、大通り」。ニューヨーク市の場合、Avenue は南北、Street は東西を走る道路に用いる。AVE.、Ave.、ave. と略す。▶ Fifth *Avenue* in New York「ニューヨークの5番街」 Park *Avenue* is New York's most famous shopping street. The *avenue* is lined with boutiques.「パークアベニューはニューヨークで最も有名なショッピング街である。大通りにはブティックが多数並んでいる」

(59) 正解　b）「これらは日本の陶磁器（焼き物）の製造地として有名な地域である」

解説 日本有数の地域が列挙されている。a) 温泉街、c) 城下町、d) 海岸というよりは「**焼き物**」（pottery）の由緒ある製造地（producing area）としてよく知られている。したがって b) が正解。

参考 a）「地図には人気のある温泉街が示されている」
　　　c）「これらの 5 か所は古い城下町として知られている」
　　　d）「これらの 5 か所には美しい海岸がある」
　　　☆ castle town「城下町」

---

(60) 正解　d）「このジェスチャー（身振り）は喝采するために用いられる」

解説 日本古来の「**万歳**」（banzai; cheers）である。祝いや喜びを表す動作で、「万歳」の言葉を発しながら両腕を上方に向けて伸ばす。「彼らは万歳を三唱する」は They give three cheers. と言う。「天皇陛下万歳！」は Long live the Emperor! である。

参考 a）「このジェスチャーは他人への感謝を示す」
　　　b）「人々は神社で祈るために手を叩く」
　　　c）「人々は初対面の時にお辞儀する」
　　　☆ gratitude「謝意」　clap one's hands「手を叩く」

---

8 「対話」に関する内容把握

音声の内容

60 (61) Do you offer dry-cleaning service?

(62) May I see your reservation confirmation, please?

(63) Does this bus go to the university?

(64) Can I take a highway bus there?

(65) Do we clear security before or after immigration?

(66) We'd like to stay at a ryokan-inn.

(67) Do you have a reservation?

(68) Would you like any dessert?

(69) I'm looking for a souvenir shop.

(70) Is this your first time to eat eel?

解答と解説

(61) **問い** 「そちらではドライクリーニングのサービスを提供していますか」

正解 b) 「はい、月曜日から木曜日まで（あります）」

解説 ホテル 宿泊客がホテルに「ドライクリーニング（水を使用しない乾式洗濯）」(dry-cleaning)サービスがあるかどうかを尋ねている。Yes あるいは No の返答が求められている。選択肢にはサービスを行う曜日を指定する内容は 1 つしかない。したがって b) が正解。

参考 a)「レストランに電話をしてください」

c)「救急医療センターは 1 階にあります」

d)「2208 号室をお願いします」

☆ ground floor《英》「1 階」(=《米》first floor)

(62) **問い** 「予約確認書を拝見できますか」

正解 a) 「はい、スマートフォンのここにあります」

解説 ホテル／レストラン 客が「予約している」と伝え、受付の係員が「予約確認」

(reservation confirmation) をする場面。客がネットで予約し予約確認書を提示している a) が正解。

参考 b)「公園のベンチでそれを見つけました」

c)「この贈り物をお受け取りください」

d)「いいえ、化粧室はどちらですか」

☆ (reservation) confirmation「（予約）確認書」

---

(63) **問い** 「このバスは大学に行きますか」

正解 b) 「はい、しかし都心で乗り換えなくてはいけません」

解説 **バスターミナル／バス停** バスを利用して大学に行こうとする乗客が、大学行きのバスかどうかを尋ねている。Yes あるいは No のいずれかの返答が求められている。c) は No と答えているが質問の返答になっていない。したがって b) が正解。

参考 a)「午前 8 時過ぎです」

c)「いいえ、私は下校中です」

d)「空港は都心から 25 キロです」

☆ transfer「乗り換える」

---

(64) **問い** 「そこで高速バスに乗れますか」

正解 d) 「もちろんですとも。さらに飛行機の半値です」

解説 **バスターミナル** 観光客が高速バスにその場所で乗車できるかどうかを尋ねている。乗ることができるかどうかを返答している d) が正解。

参考 a)「旅券は不要です」

b)「多くの高速バス会社では無料の Wi-Fi を提供しています」

c)「飛行機による旅行は非常に便利です」

☆ require「請求する」 half the price (of a flight)「値段は（飛行機の）半分」

---

(65) **問い** 「出入国の前あるいは後に検問を通過しますか」

正解 c) 「空港での検問はチェックインの後で実施されます」

解説 **空港** 空港で出国する場合、搭乗手続 (check-in) を済ませてから保安検査 (security check) を行い、その後出入国管理 (immigration) に旅券と搭乗券を提示する。したがって c) が正解。

参考 a)「自動チェックイン機はほとんどの空港で利用できます」

b)「保安上の理由で、彼らはボディチェック（和製英語）を必ず行います」

d)「税関検査を通過しなくてはいけません」

☆ security (reason)「安全（上の理由）」 body search「ボディチェック」 (customs) inspection「（税関）検査」

(66) 問い 「私たちは旅館に滞在したいのです」

正解 b) 「それは日本文化を経験する素敵な方法です」

解説 日常会話 海外からの観光客が日本の旅館に滞在することに憧れているようである。選択肢を見ると experience Japanese culture「日本文化を経験する」という語句があり、内容面では最適の返答である。したがって b) が正解。

参考 a)「割引券を貰えるでしょう」

c)「それは約2時間です」

d)「ビュッフェは含まれています」

☆ buffet「食べ放題」

(67) 問い 「予約はなさっていますか」

正解 a) 「はい、日曜日の6時に5人分で予約しました」

解説 レストラン 予約したかという問いに対して、返答内容が適当なものは a) である。「予約（する）」という単語は、旅行中頻繁に使用する重要な観光英語である。

参考 b)「はい、明朝6時にモーニングコールをお願いします」

c)「明日オプショナル（任意）ツアーに関する情報を送ります」

d)「ここでお待ちになっている間に軽い飲食物でもお召しあがりください」

☆ wake-up call「モーニングコール（和製英語）」 optional (tour)「任意（ツアー）」

(68) 問い 「デザートはいかがでしょうか」

正解 a) 「抹茶アイスクリームをお願いします」

解説 レストラン 給仕は顧客が食後のデザートを食するかどうかを尋ねている。選択肢を見ると具体的なデザートである抹茶アイスクリーム（matcha ice cream）が提示されている a) が正解。

参考 b)「勘定は別々にしてください」

c)「何でもよいが、ピクルスだけはだめです」

d)「コンチネンタル朝食で結構です」

(69) 問い 「土産物店を探しています」

正解 **d)** 「かっぱ橋道具街は実物そっくりのプラスチック食品サンプルや台所用品などを販売する人気の卸売市場です」

解説 **観光地** a) 秋葉原の所在地は「千代田区」、b) 浅草橋は江戸時代から由緒ある「日本人形の問屋街」、また c) 竹下通りの所在地は「原宿」である。したがって d) が正解。

参考 a)「今では港区にある秋葉原はアニメやマンガを専門とするアキバ系オタク地域として知られています」

b)「浅草橋地区は日本の伝統衣装である着物を販売する専門店がある問屋街です」

c)「新宿の竹下通りは若者独特の流行を発信するショッピング街です」

☆ specialize in「専門にする」 convey「運搬する、伝達する」 wholesale (market)「卸売市場」 (kitchen) utensils「(台所) 器具」

(70) 問い 「ウナギを食べるのは今回が初めてですか」

正解 **a)** 「はい、とても美味しいです」

解説 **レストラン** ウナギ（eel）を食するのは初めてかどうかを聞いている。食べた感想とともに Yes と返答している a) が正解。

参考 b)「はい、貝類を食べたいです」

c)「はい、以前それに乗ったことがあります」

d)「いいえ、私にはアレルギーはありません」

☆ allergy「アレルギー」

対策

会話は 2 回放送される。

「1 回目の放送」では、会話の内容を一言一句に拘泥せずにしっかりと「全体像」を把握すること。そのためには会話の「場面・状況」をキャッチすること。最後に「**質問**」(QUESTION) を的確に理解すること。

「2 回目の放送」では、質問を念頭におきながら、問題冊子にある 4 つの「選択肢」を見ながら適切な解答を探ること。解答となる重要な「**語句や文**」に合致する内容が必ずあるので、その文脈を理解しながら会話の内容を把握すること。

この設問は、「和文英訳」ではなく「会話の流れ」を的確に把握することが問われている。「会話の内容」は、各設問の **解説** でその主旨が述べられている。

音声の内容

61 **(71)** F : Would you like something to drink?

　　M: Umm. What can I have?

　　F : We have soft drinks, apple juice, coffee, tea, water ...

　　M: Some apple juice, please. And I didn't get a headset for the entertainment system.

　　F : Really? We passed them out just after takeoff. Sorry. I'll bring one for you in a minute.

　　Question　Who is the passenger speaking to?

62 **(72)** M: Is this the check-in counter for flights to Frankfurt?

　　F : Yes, it is. Do you have a boarding pass already?

　　M: Yes. Here it is.

　　F : Are you alone today?

　　M: Yes.

　　F : And just the one bag for checking?

　　M: No, there's one more here. I have two.

　　F : OK. Could you put them on the scale?

　　M: Sure.

How many pieces of luggage does the tourist check?

63 (73) **F** : Could I see your passport and landing card, please?

M: Here you are.

F : How long will you be staying?

M: One week.

F : Do you have a return ticket?

M: You mean a ticket home? Yes, of course. Do you need to see it?

F : OK. Thank you. Here's your passport. Have a nice day.

Question Who is the tourist speaking to?

64 (74) **F** : Hello. I have a reservation. My name is Linda Davies.

M: Good evening, ma'am. Do you have a reservation number?

F : Yes. It's here somewhere ... just a second ...

M: Or your family name ... ?

F : Yes, that's probably faster. It's Davies, D-A-V-I-E-S.

M: Thank you, Ms. Davies. I have it on the computer now: a single for two nights.

Question What did the front desk clerk ask for first?

65 (75) **F** : Have you decided what you want for breakfast?

M: I can't decide. The buffet looks great, but we're not so hungry.

F : How about the Continental? It comes with a really nice fruit salad and there are five types of bread you can choose from. And, of course, lots of coffee.

M: OK. We'll go with that.

F : Sure. I'll be right back.

Question What did the guest order?

66 (76) **M:** Good morning.

F : Good morning.

M: I need to go to a drugstore this morning. Is there one nearby?

F : Oh, yes, very near. Just go out the front door and turn left. Then walk, oh, 20 meters.

M: Only 20 meters?

F : Uh-huh. The drugstore is in the next building.

Question　Where is the drugstore?

67 **(77) F :** Excuse me. Why did you give me a spoon?

M: Many foreigners have trouble with chopsticks. I thought you could eat your meal more easily.

F : Well, thank you. But I actually like chopsticks better. I've used chopsticks for years. I use chopsticks every time I eat Chinese food.

M: I'm sorry. I'll bring some for you right away.

F : Thanks.

Question　What will the man do next?

68 **(78) M:** Can we go into the temple?

F : Yes, but you have to take your shoes off.

M: Do we have to rinse our mouths out with water or put money in the offering box?

F : No, you only do those things if you want to.

Question　What does the man have to do?

69 **(79) M:** What time is the next train?

F : They leave every 10 minutes.

M: Well, it's just after 3:00 now. Is the next one at 3:10?

F : That's right. And you get your ticket over there at that machine.

M: Thank you.

Question　When is the next train?

70 **(80) F :** Excuse me. How much is this sweater?

M: It's 30 euros, not including tax.

F : How much is the tax?

M: Seventeen percent. We also have that sweater in green and a kind of rose pink. You can try it on over there if you want.

Question　How much is the sweater, not including tax?

(71) 質問 「乗客は誰に話しかけていますか」

正解 **c)** 「客室乗務員」

解説 機内 女性は Would you like something to drink? 「何かお飲み物はいかがでしょうか」と尋ねる。男性は Some apple juice, please. And I didn't get a headset for the entertainment system. 「アップルジュースをください。そして娯楽系のヘッドフォンを貰っていません」と言っている。女性は We passed them out just after takeoff. Sorry. I'll bring one for you in a minute. 「離陸直後に配布しました。すみません。1つすぐに持って参ります」と返答している。したがって c) が正解。

参考 a)「旅行代理店業者」 b)「クルーズ船ホスト」 d)「ポーター（赤帽）」
☆ pass (them) out「配布する」 in a moment「すぐに」

(72) 質問 「旅行者は手荷物をいくつ預けていますか」

正解 **b)** 「2つ」

解説 空港 男性は Is this the check-in counter for flights to Frankfurt? 「ここはフランクフルト行き便のチェックインカウンターですか」と尋ねている。女性は Do you have a boarding pass already? ... And just the one bag for checking? 「搭乗券はお持ちですか……預ける荷物は1つですか」と確認している。男性は No, there's one more here. I have two. 「いいえ、もう1つあり、2つです」と返答している。女性は OK. Could you put them on the scale? 「それら（2つの荷物）をはかりにのせてください」と言っている。したがって b) が正解。

参考 a)「1つ」 c)「3つ」 d)「4つ」
☆ (put them on) the scale「はかり（にのせる）」

(73) 質問 「旅行者は誰に話しかけていますか」

正解 **b)** 「出入国管理官」

解説 空港 女性は Could I see your passport and landing card, please? 「旅券と入国カードを拝見できますか」、How long will you be staying? 「滞在期間はどれくらいですか」、Do you have a return ticket? 「帰りのチケットをお持ちですか」などを旅行者に尋ねている。したがって b) が正解。

参考 a)「ホテル職員」 c)「税関検査官」 d)「観光案内係職員」

☆ landing card「入国カード」 return ticket「帰りのチケット」

---

(74) 質問 「受付係は最初に何を問い合わせましたか」

正解 **c)** 「予約番号」

解説 ホテル 女性は I have a reservation. My name is Linda Davies. 「予約しています。リンダ・デイヴィスと言います」と言っている。男性は Do you have a reservation number? 「予約番号をお持ちですか」と最初に確認している。したがって c) が正解。

参考 a)「身分証明」 b)「部屋番号」 d)「氏名」
　　☆ reservation number「予約番号」

---

(75) 質問 「宿泊客は何を注文しましたか」

正解 **b)** 「コンチネンタル朝食」 ⟲ **Column 08 朝食** (p.149)

解説 ホテル 女性は Have you decided what you want for breakfast? 「朝食を何にされるかお決まりですか」と尋ねる。男性は I can't decide. 「まだ決まっていせん」と返答する。女性は How about the Continental? 「コンチネンタルはいかがでしょうか」と薦める。男性は「OK」と返答する。したがって b) が正解。

参考 a)「デザート」 c)「朝食ビュッフェ」 d)「フルーツビュッフェ」
　　☆ decide「決める」 How about (A)?「(A) はいかがですか」

---

(76) 質問 「ドラッグストア（薬局）はどこにありますか」

正解 **c)** 「ホテルの隣」

解説 ホテル 男性は I need to go to a drugstore this morning. Is there one nearby? 「今朝ドラッグストアに行かなくてはいけません。近くにありますか」と尋ねている。女性は Oh, yes, very near. Just go out the front door and turn left. Then walk, oh, 20 meters ... The drugstore is in the next building. 「はい、近いです。正面玄関を出て、左折してから、20メートルほど歩いてください……ドラッグストアは隣のビルにあります」と返答している。したがって c) が正解。

参考 a)「ホテルの後方」
　　b)「ホテルから道路を横切った所」
　　d)「ホテル内」

(77) 質問 「男性は次に何をしようとしていますか」

正解 **d)** 「箸を持って来る」

解説 レストラン　女性は Why did you give me a spoon? 「どうして私にスプーンをくれるのですか」と尋ねる。男性が Many foreigners have trouble with chopsticks. I thought you could eat your meal more easily. 「外国人の方々は箸には苦労しています。もっと気楽にお食事ができると思いました」と返答する。女性は I've used chopsticks for years. I use chopsticks every time I eat Chinese food. 「長年箸を使い、中華料理を食べる時にはいつも箸を使います」と言っている。男性は I'm sorry. I'll bring some for you right away. 「申し訳ございません。すぐに箸をお持ちします」と言っている。したがって d) が正解。

参考 a) 「客が食するのを見守る」
b) 「英語メニューをもらう」
c) 「中華料理を受け取る」
☆ have trouble with 「苦労する」　right away 「すぐに」

(78) 質問 「男性は何をすべきですか」

正解 **b)** 「靴を脱ぐ」

解説 寺院　男性は Can we go into the temple? 「寺院に入ることができますか」と尋ねている。女性は Yes, but you have to take your shoes off. 「大丈夫です、でも靴を脱ぐべきです」と返答している。男性は Do we have to rinse our mouths out with water or put money in the offering box? 「水で口をすすぐこと、また賽銭箱にお金を入れることは義務ですか」と尋ねたところ、女性は No, you only do those things if you want to. 「いいえ。お望みであればそのようになさってください」と返答した。したがって b) が正解。

参考 a) 「寺院に入る」
c) 「口をすすぐ」
d) 「賽銭箱に金銭を入れる」
☆ take off 「（靴を）脱ぐ」　rinse (one's mouth) 「（口を）すすぐ」　offering box 「賽銭箱」

(79) 質問 「次の電車はいつですか」

正解 **c)** 「3 時 10 分」

解説 駅舎　男性は What time is the next train? 「次の電車は何時ですか」と尋ねている。女性は They leave every 10 minutes. 「電車は 10 分おきに出発します」と返答している。男性は Well, it's just after 3:00 now. Is the next one at 3:10? 「現在 3 時過ぎです。という

ことは次の電車は 3 時（過ぎの）10 分ですよね」と問い、女性は That's right.「その通りです」
と返答している。したがって c) が正解。

<u>参考</u> a)「2 時 50 分」 b)「3 時」 d)「3 時 30 分」

　　☆ every (ten) minutes「(10) 分おきに」

(80) <u>質問</u> 「セーターは税抜きでいくらですか」

　　<u>正解</u> **b)** 「30 ユーロ」

<u>解説</u> <u>買い物</u>　女性は How much is this sweater?「このセーターはいくらですか」と尋ね
ている。男性は It's 30 euros, not including tax.「税抜きで 30 ユーロです」と返答している。
したがって b) が正解。

<u>参考</u> a)「13 ユーロ」 c)「17 ユーロ」 d)「70 ユーロ」

[Part A]

◀)) 71

音声の内容

Female: Excuse me, can I take some pictures of the Statue of David by Michelangelo?

Male: Sure. Go ahead. Would you like me to take some with you?

Female: Oh, no. That's fine. Thanks anyway. So, may I ask you a question?

Male: Sure.

Female: There is a Statue of David in front of the Vecchio Palace in Signoria Square, and there's another one in Michelangelo Square. Which one is the real one?

Male: The real one is in the Academia Gallery. Those two are copies.

Female: I see. But no one can tell the difference. Hahahaha .... Anyway, how can I get to that museum? Is it far from here?

Male: No, not that far. It's on Via Ricasoli. You can walk there. But wait, wait, it's closed today. They are not open on Sundays.

Female: Too bad. But, that's OK. I'll go tomorrow. What time do they open?

Male: 8:30 in the morning to 7:00 at night. And on holidays, they are open 9:00 to 2:00. So what else are you planning to do while you're here?

Female: Do you have any ideas other than visiting the Academia Gallery?

Male: Have you visited the Duomo yet?

Female: Yes, that was the first thing I saw.

Male: So, uh, how about the Uffizi Gallery?

Female: I'm planning to visit there on Wednesday.

Questions

(81) Which is the real Statue of David by Michelangelo?

(82) When is the museum closed?

(83) What time does the Academia Gallery open?

(84) What did the guide first recommend visiting?

(85) When does the tourist plan to visit the Uffizi Gallery?

解答と解説

(81) 質問 「ミケランジェロによる本物のダヴィデ像はどれですか」

正解 a) 「アカデミア美術館のもの」

解説 会話の中頃で男性は、The real one is **in the Academia Gallery**.「本物は**アカデミア美術館**にある」と言っている。したがって a) が正解。

参考 b)「ヴェッキオ宮殿のもの」
c)「ミケランジェロ広場のもの」
d)「すべて本物である」

---

(82) 質問 「美術館の閉館はいつですか」

正解 c) 「日曜日」

解説 会話の中頃で男性は、They are not open **on Sundays**.「日曜日は閉館です」と言っている。したがって c) が正解。

参考 a)「週末日」 b)「祝祭日」 d)「日曜日と祝祭日」

---

(83) 質問 「アカデミア美術館の開館は何時ですか」

正解 b) 「開館は通常 8 時 30 分から 7 時ですが、祝日は 9 時から 2 時です」

解説 会話の後半で男性は、(They open from) **8:30 in the morning to 7:00 at night. And on holidays, they are open (from) 9:00 to 2:00**.「開館は午前 8 時 30 分から夜 7 時です。そして祝祭日は 9 時から 2 時です」と言っている。したがって b) が正解。

参考 a)「開館は 8 時 30 分から 7 時のみです」
c)「開館は 8 時から 2 時ですが、祝日は 9 時から 7 時です」
d)「開館は 8 時 30 分から 7 時ですが、祝日は 9 時から夜 8 時 30 分です」

(84) 質問 「ガイドが最初に来館をするのを薦めているのは何ですか」

正解 c) 「ドゥオーモ（を訪れること）」

解説 会話の後半、女性は Do you have any ideas other than visiting the Academia Gallery?「アカデミア美術館を訪れること以外に何か名案がありますか」と言っている。そこで男性は Have you visited the **Duomo** yet?「**ドゥオーモ**を拝観したことがありますか」と尋ねている。したがって c) が正解。☆当地はフィレンツェであるため The Duomo は世界遺産である「サンタ・マリア・デル・フィオーレ聖堂」（Cathedral of Saint Mary of the Flower）のことである。

参考 a)「（ヴェッキオ）宮殿」 b)「シニョリーア広場」 d)「ミケランジェロ広場」

(85) 質問 「観光客がウフィツィ美術館に行く予定はいつですか」

正解 d) 「水曜日」

解説 会話の最後で女性は、I'm planning to visit there (the Uffizi Gallery) **on Wednesday**.「そこ（ウフィツィ美術館）へは**水曜日**に来館する予定です」と言っている。したがって d) が正解。

参考 a)「明日」 b)「日曜日」 c)「火曜日」

【Part B】

◀》72 音声の内容

> Jane: This national park is located in parts of Tokyo, Yamanashi, Kanagawa and Shizuoka prefectures, including the Izu Islands. What do you call this national park?
>
> Taro: We call it Fuji-Hakone-Izu National Park.
>
> Jane: I see. Are there any famous sightseeing spots in this park?
>
> Taro: Yes, there are a lot. The Izu Peninsula has a mild climate, pretty coastal scenery, and abundant recreational facilities and accommodations. This peninsula is sandwiched between Sagami Bay on the east and Suruga Bay on the west. It is well-known for its many hot springs and beautiful views of the Pacific Ocean.
>
> Jane: It sounds wonderful.

Taro: In particular, there are many beautiful scenic spots of interest in the southern Izu Peninsula, including Cape Irozaki with its fantastically shaped rocks protruding above the surface of the sea which commands a fine view on clear days. Nearby is Jungle park, a botanical garden with 3,000 colorful tropical plants of different varieties.

Jane: I hope I will visit there in the near future.

Taro: Sure, you should.

Questions

(86) How many prefectures is Fuji-Hakone-Izu National Park spread over?

(87) What is the weather in Izu Peninsula like?

(88) What is the name of the bay on the west of Izu Peninsula?

(89) What can you enjoy at Jungle Park?

(90) What is the situation of this conversation?

解答と解説

(86) **質問** 「富士箱根伊豆国立公園はいくつの県にまたがっていますか」

正解 **b)** 「4県」

解説 会話の最初で女性は、This national park is located in parts of **Tokyo, Yamanashi, Kanagawa** and **Shizuoka** prefectures. 「この国立公園は**東京、山梨、神奈川**そして**静岡**の県境にあります」と述べている。したがって b) が正解。

参考 a) 「3県」　c) 「5県」　d) 「6県」

(87) **質問** 「伊豆半島の気候はどのようなものですか」

正解 **b)** 「温暖な（気候）」

解説 会話の中頃で男性は、The Izu Peninsula has a **mild** climate 「伊豆半島は**温暖な気候**です」と述べている。したがって b) が正解。

---

(88) **質問** 「伊豆半島の西にある湾は何と言いますか」

正解 **d)** 「駿河湾」

解説 会話の中頃で男性は、This peninsula is sandwiched between Sagami Bay on the east and **Suruga Bay** on the west.「この半島は東を相模湾、西を**駿河湾**に挟まれています」と述べている。したがって d) が正解。

参考 a)「九十九湾」 b)「相模湾」 c)「東京湾」

---

(89) **質問** 「ジャングル・パークでは何が楽しめますか」

正解 **a)** 「多種多様な熱帯樹林と花々」

解説 会話の後半で男性は、Jungle Park, a botanical garden **with 3,000 colorful tropical plants of different varieties.**「3,000 種にも及ぶ多種多様な色鮮やかな熱帯樹林がある植物園」と述べている。したがって a) が正解。

参考 b)「3,000 にも及ぶ奇岩と鉱物」
c)「密林に生息する動物と昆虫」
d)「多種多様な亜熱帯の鳥類」

---

(90) **質問** 「この会話の状況はどのようなものですか」

正解 **c)** 「男性はこの国立公園に関する情報を述べている」

解説 男性は、この富士箱根伊豆国立公園の最大の観光名所である石廊崎（Cape Irozaki）の奇岩怪石の風景や石廊崎ジャングルパークについて（現オーシャンパーク）述べている。したがって c) が正解。

参考 a)「女性はこの国立公園に行ったことがある」
b)「女性は国立公園を紹介している」
d)「男女 2 人はこの国立公園に行ったことがない」

解 答 欄 （見本：縮小サイズ）

筆記

	a	b	c	d
1	ⓐ	ⓑ	ⓒ	ⓓ
2	ⓐ	ⓑ	ⓒ	ⓓ
3	ⓐ	ⓑ	ⓒ	ⓓ
4	ⓐ	ⓑ	ⓒ	ⓓ
5	ⓐ	ⓑ	ⓒ	ⓓ
6	ⓐ	ⓑ	ⓒ	ⓓ
7	ⓐ	ⓑ	ⓒ	ⓓ
8	ⓐ	ⓑ	ⓒ	ⓓ
9	ⓐ	ⓑ	ⓒ	ⓓ
10	ⓐ	ⓑ	ⓒ	ⓓ
11	ⓐ	ⓑ	ⓒ	ⓓ
12	ⓐ	ⓑ	ⓒ	ⓓ
13	ⓐ	ⓑ	ⓒ	ⓓ
14	ⓐ	ⓑ	ⓒ	ⓓ
15	ⓐ	ⓑ	ⓒ	ⓓ
16	ⓐ	ⓑ	ⓒ	ⓓ
17	ⓐ	ⓑ	ⓒ	ⓓ
18	ⓐ	ⓑ	ⓒ	ⓓ
19	ⓐ	ⓑ	ⓒ	ⓓ
20	ⓐ	ⓑ	ⓒ	ⓓ
21	ⓐ	ⓑ	ⓒ	ⓓ
22	ⓐ	ⓑ	ⓒ	ⓓ
23	ⓐ	ⓑ	ⓒ	ⓓ
24	ⓐ	ⓑ	ⓒ	ⓓ
25	ⓐ	ⓑ	ⓒ	ⓓ
26	ⓐ	ⓑ	ⓒ	ⓓ
27	ⓐ	ⓑ	ⓒ	ⓓ
28	ⓐ	ⓑ	ⓒ	ⓓ
29	ⓐ	ⓑ	ⓒ	ⓓ
30	ⓐ	ⓑ	ⓒ	ⓓ
31	ⓐ	ⓑ	ⓒ	ⓓ
32	ⓐ	ⓑ	ⓒ	ⓓ
33	ⓐ	ⓑ	ⓒ	ⓓ
34	ⓐ	ⓑ	ⓒ	ⓓ
35	ⓐ	ⓑ	ⓒ	ⓓ
36	ⓐ	ⓑ	ⓒ	ⓓ
37	ⓐ	ⓑ	ⓒ	ⓓ
38	ⓐ	ⓑ	ⓒ	ⓓ
39	ⓐ	ⓑ	ⓒ	ⓓ
40	ⓐ	ⓑ	ⓒ	ⓓ
41	ⓐ	ⓑ	ⓒ	ⓓ
42	ⓐ	ⓑ	ⓒ	ⓓ
43	ⓐ	ⓑ	ⓒ	ⓓ
44	ⓐ	ⓑ	ⓒ	ⓓ
45	ⓐ	ⓑ	ⓒ	ⓓ
46	ⓐ	ⓑ	ⓒ	ⓓ
47	ⓐ	ⓑ	ⓒ	ⓓ
48	ⓐ	ⓑ	ⓒ	ⓓ
49	ⓐ	ⓑ	ⓒ	ⓓ
50	ⓐ	ⓑ	ⓒ	ⓓ

リスニング

	a	b	c	d
51	ⓐ	ⓑ	ⓒ	ⓓ
52	ⓐ	ⓑ	ⓒ	ⓓ
53	ⓐ	ⓑ	ⓒ	ⓓ
54	ⓐ	ⓑ	ⓒ	ⓓ
55	ⓐ	ⓑ	ⓒ	ⓓ
56	ⓐ	ⓑ	ⓒ	ⓓ
57	ⓐ	ⓑ	ⓒ	ⓓ
58	ⓐ	ⓑ	ⓒ	ⓓ
59	ⓐ	ⓑ	ⓒ	ⓓ
60	ⓐ	ⓑ	ⓒ	ⓓ
61	ⓐ	ⓑ	ⓒ	ⓓ
62	ⓐ	ⓑ	ⓒ	ⓓ
63	ⓐ	ⓑ	ⓒ	ⓓ
64	ⓐ	ⓑ	ⓒ	ⓓ
65	ⓐ	ⓑ	ⓒ	ⓓ
66	ⓐ	ⓑ	ⓒ	ⓓ
67	ⓐ	ⓑ	ⓒ	ⓓ
68	ⓐ	ⓑ	ⓒ	ⓓ
69	ⓐ	ⓑ	ⓒ	ⓓ
70	ⓐ	ⓑ	ⓒ	ⓓ
71	ⓐ	ⓑ	ⓒ	ⓓ
72	ⓐ	ⓑ	ⓒ	ⓓ
73	ⓐ	ⓑ	ⓒ	ⓓ
74	ⓐ	ⓑ	ⓒ	ⓓ
75	ⓐ	ⓑ	ⓒ	ⓓ
76	ⓐ	ⓑ	ⓒ	ⓓ
77	ⓐ	ⓑ	ⓒ	ⓓ
78	ⓐ	ⓑ	ⓒ	ⓓ
79	ⓐ	ⓑ	ⓒ	ⓓ
80	ⓐ	ⓑ	ⓒ	ⓓ
81	ⓐ	ⓑ	ⓒ	ⓓ
82	ⓐ	ⓑ	ⓒ	ⓓ
83	ⓐ	ⓑ	ⓒ	ⓓ
84	ⓐ	ⓑ	ⓒ	ⓓ
85	ⓐ	ⓑ	ⓒ	ⓓ
86	ⓐ	ⓑ	ⓒ	ⓓ
87	ⓐ	ⓑ	ⓒ	ⓓ
88	ⓐ	ⓑ	ⓒ	ⓓ
89	ⓐ	ⓑ	ⓒ	ⓓ
90	ⓐ	ⓑ	ⓒ	ⓓ

解 答 欄 （見本：縮小サイズ）

筆記

1	ⓐ	ⓑ	ⓒ	ⓓ
2	ⓐ	ⓑ	ⓒ	ⓓ
3	ⓐ	ⓑ	ⓒ	ⓓ
4	ⓐ	ⓑ	ⓒ	ⓓ
5	ⓐ	ⓑ	ⓒ	ⓓ
6	ⓐ	ⓑ	ⓒ	ⓓ
7	ⓐ	ⓑ	ⓒ	ⓓ
8	ⓐ	ⓑ	ⓒ	ⓓ
9	ⓐ	ⓑ	ⓒ	ⓓ
10	ⓐ	ⓑ	ⓒ	ⓓ
11	ⓐ	ⓑ	ⓒ	ⓓ
12	ⓐ	ⓑ	ⓒ	ⓓ
13	ⓐ	ⓑ	ⓒ	ⓓ
14	ⓐ	ⓑ	ⓒ	ⓓ
15	ⓐ	ⓑ	ⓒ	ⓓ
16	ⓐ	ⓑ	ⓒ	ⓓ
17	ⓐ	ⓑ	ⓒ	ⓓ
18	ⓐ	ⓑ	ⓒ	ⓓ
19	ⓐ	ⓑ	ⓒ	ⓓ
20	ⓐ	ⓑ	ⓒ	ⓓ
21	ⓐ	ⓑ	ⓒ	ⓓ
22	ⓐ	ⓑ	ⓒ	ⓓ
23	ⓐ	ⓑ	ⓒ	ⓓ
24	ⓐ	ⓑ	ⓒ	ⓓ
25	ⓐ	ⓑ	ⓒ	ⓓ
26	ⓐ	ⓑ	ⓒ	ⓓ
27	ⓐ	ⓑ	ⓒ	ⓓ
28	ⓐ	ⓑ	ⓒ	ⓓ
29	ⓐ	ⓑ	ⓒ	ⓓ
30	ⓐ	ⓑ	ⓒ	ⓓ
31	ⓐ	ⓑ	ⓒ	ⓓ
32	ⓐ	ⓑ	ⓒ	ⓓ
33	ⓐ	ⓑ	ⓒ	ⓓ
34	ⓐ	ⓑ	ⓒ	ⓓ
35	ⓐ	ⓑ	ⓒ	ⓓ
36	ⓐ	ⓑ	ⓒ	ⓓ
37	ⓐ	ⓑ	ⓒ	ⓓ
38	ⓐ	ⓑ	ⓒ	ⓓ
39	ⓐ	ⓑ	ⓒ	ⓓ
40	ⓐ	ⓑ	ⓒ	ⓓ
41	ⓐ	ⓑ	ⓒ	ⓓ
42	ⓐ	ⓑ	ⓒ	ⓓ
43	ⓐ	ⓑ	ⓒ	ⓓ
44	ⓐ	ⓑ	ⓒ	ⓓ
45	ⓐ	ⓑ	ⓒ	ⓓ
46	ⓐ	ⓑ	ⓒ	ⓓ
47	ⓐ	ⓑ	ⓒ	ⓓ
48	ⓐ	ⓑ	ⓒ	ⓓ
49	ⓐ	ⓑ	ⓒ	ⓓ
50	ⓐ	ⓑ	ⓒ	ⓓ

リスニング

51	ⓐ	ⓑ	ⓒ	ⓓ
52	ⓐ	ⓑ	ⓒ	ⓓ
53	ⓐ	ⓑ	ⓒ	ⓓ
54	ⓐ	ⓑ	ⓒ	ⓓ
55	ⓐ	ⓑ	ⓒ	ⓓ
56	ⓐ	ⓑ	ⓒ	ⓓ
57	ⓐ	ⓑ	ⓒ	ⓓ
58	ⓐ	ⓑ	ⓒ	ⓓ
59	ⓐ	ⓑ	ⓒ	ⓓ
60	ⓐ	ⓑ	ⓒ	ⓓ
61	ⓐ	ⓑ	ⓒ	ⓓ
62	ⓐ	ⓑ	ⓒ	ⓓ
63	ⓐ	ⓑ	ⓒ	ⓓ
64	ⓐ	ⓑ	ⓒ	ⓓ
65	ⓐ	ⓑ	ⓒ	ⓓ
66	ⓐ	ⓑ	ⓒ	ⓓ
67	ⓐ	ⓑ	ⓒ	ⓓ
68	ⓐ	ⓑ	ⓒ	ⓓ
69	ⓐ	ⓑ	ⓒ	ⓓ
70	ⓐ	ⓑ	ⓒ	ⓓ
71	ⓐ	ⓑ	ⓒ	ⓓ
72	ⓐ	ⓑ	ⓒ	ⓓ
73	ⓐ	ⓑ	ⓒ	ⓓ
74	ⓐ	ⓑ	ⓒ	ⓓ
75	ⓐ	ⓑ	ⓒ	ⓓ
76	ⓐ	ⓑ	ⓒ	ⓓ
77	ⓐ	ⓑ	ⓒ	ⓓ
78	ⓐ	ⓑ	ⓒ	ⓓ
79	ⓐ	ⓑ	ⓒ	ⓓ
80	ⓐ	ⓑ	ⓒ	ⓓ
81	ⓐ	ⓑ	ⓒ	ⓓ
82	ⓐ	ⓑ	ⓒ	ⓓ
83	ⓐ	ⓑ	ⓒ	ⓓ
84	ⓐ	ⓑ	ⓒ	ⓓ
85	ⓐ	ⓑ	ⓒ	ⓓ
86	ⓐ	ⓑ	ⓒ	ⓓ
87	ⓐ	ⓑ	ⓒ	ⓓ
88	ⓐ	ⓑ	ⓒ	ⓓ
89	ⓐ	ⓑ	ⓒ	ⓓ
90	ⓐ	ⓑ	ⓒ	ⓓ

解 答 欄 （見本：縮小サイズ）

筆記

	a	b	c	d
1	ⓐ	ⓑ	ⓒ	ⓓ
2	ⓐ	ⓑ	ⓒ	ⓓ
3	ⓐ	ⓑ	ⓒ	ⓓ
4	ⓐ	ⓑ	ⓒ	ⓓ
5	ⓐ	ⓑ	ⓒ	ⓓ
6	ⓐ	ⓑ	ⓒ	ⓓ
7	ⓐ	ⓑ	ⓒ	ⓓ
8	ⓐ	ⓑ	ⓒ	ⓓ
9	ⓐ	ⓑ	ⓒ	ⓓ
10	ⓐ	ⓑ	ⓒ	ⓓ
11	ⓐ	ⓑ	ⓒ	ⓓ
12	ⓐ	ⓑ	ⓒ	ⓓ
13	ⓐ	ⓑ	ⓒ	ⓓ
14	ⓐ	ⓑ	ⓒ	ⓓ
15	ⓐ	ⓑ	ⓒ	ⓓ
16	ⓐ	ⓑ	ⓒ	ⓓ
17	ⓐ	ⓑ	ⓒ	ⓓ
18	ⓐ	ⓑ	ⓒ	ⓓ
19	ⓐ	ⓑ	ⓒ	ⓓ
20	ⓐ	ⓑ	ⓒ	ⓓ
21	ⓐ	ⓑ	ⓒ	ⓓ
22	ⓐ	ⓑ	ⓒ	ⓓ
23	ⓐ	ⓑ	ⓒ	ⓓ
24	ⓐ	ⓑ	ⓒ	ⓓ
25	ⓐ	ⓑ	ⓒ	ⓓ
26	ⓐ	ⓑ	ⓒ	ⓓ
27	ⓐ	ⓑ	ⓒ	ⓓ
28	ⓐ	ⓑ	ⓒ	ⓓ
29	ⓐ	ⓑ	ⓒ	ⓓ
30	ⓐ	ⓑ	ⓒ	ⓓ
31	ⓐ	ⓑ	ⓒ	ⓓ
32	ⓐ	ⓑ	ⓒ	ⓓ
33	ⓐ	ⓑ	ⓒ	ⓓ
34	ⓐ	ⓑ	ⓒ	ⓓ
35	ⓐ	ⓑ	ⓒ	ⓓ
36	ⓐ	ⓑ	ⓒ	ⓓ
37	ⓐ	ⓑ	ⓒ	ⓓ
38	ⓐ	ⓑ	ⓒ	ⓓ
39	ⓐ	ⓑ	ⓒ	ⓓ
40	ⓐ	ⓑ	ⓒ	ⓓ
41	ⓐ	ⓑ	ⓒ	ⓓ
42	ⓐ	ⓑ	ⓒ	ⓓ
43	ⓐ	ⓑ	ⓒ	ⓓ
44	ⓐ	ⓑ	ⓒ	ⓓ
45	ⓐ	ⓑ	ⓒ	ⓓ
46	ⓐ	ⓑ	ⓒ	ⓓ
47	ⓐ	ⓑ	ⓒ	ⓓ
48	ⓐ	ⓑ	ⓒ	ⓓ
49	ⓐ	ⓑ	ⓒ	ⓓ
50	ⓐ	ⓑ	ⓒ	ⓓ

リスニング

	a	b	c	d
51	ⓐ	ⓑ	ⓒ	ⓓ
52	ⓐ	ⓑ	ⓒ	ⓓ
53	ⓐ	ⓑ	ⓒ	ⓓ
54	ⓐ	ⓑ	ⓒ	ⓓ
55	ⓐ	ⓑ	ⓒ	ⓓ
56	ⓐ	ⓑ	ⓒ	ⓓ
57	ⓐ	ⓑ	ⓒ	ⓓ
58	ⓐ	ⓑ	ⓒ	ⓓ
59	ⓐ	ⓑ	ⓒ	ⓓ
60	ⓐ	ⓑ	ⓒ	ⓓ
61	ⓐ	ⓑ	ⓒ	ⓓ
62	ⓐ	ⓑ	ⓒ	ⓓ
63	ⓐ	ⓑ	ⓒ	ⓓ
64	ⓐ	ⓑ	ⓒ	ⓓ
65	ⓐ	ⓑ	ⓒ	ⓓ
66	ⓐ	ⓑ	ⓒ	ⓓ
67	ⓐ	ⓑ	ⓒ	ⓓ
68	ⓐ	ⓑ	ⓒ	ⓓ
69	ⓐ	ⓑ	ⓒ	ⓓ
70	ⓐ	ⓑ	ⓒ	ⓓ
71	ⓐ	ⓑ	ⓒ	ⓓ
72	ⓐ	ⓑ	ⓒ	ⓓ
73	ⓐ	ⓑ	ⓒ	ⓓ
74	ⓐ	ⓑ	ⓒ	ⓓ
75	ⓐ	ⓑ	ⓒ	ⓓ
76	ⓐ	ⓑ	ⓒ	ⓓ
77	ⓐ	ⓑ	ⓒ	ⓓ
78	ⓐ	ⓑ	ⓒ	ⓓ
79	ⓐ	ⓑ	ⓒ	ⓓ
80	ⓐ	ⓑ	ⓒ	ⓓ
81	ⓐ	ⓑ	ⓒ	ⓓ
82	ⓐ	ⓑ	ⓒ	ⓓ
83	ⓐ	ⓑ	ⓒ	ⓓ
84	ⓐ	ⓑ	ⓒ	ⓓ
85	ⓐ	ⓑ	ⓒ	ⓓ
86	ⓐ	ⓑ	ⓒ	ⓓ
87	ⓐ	ⓑ	ⓒ	ⓓ
88	ⓐ	ⓑ	ⓒ	ⓓ
89	ⓐ	ⓑ	ⓒ	ⓓ
90	ⓐ	ⓑ	ⓒ	ⓓ

【監修者（解説執筆）】

山口百々男（やまぐち ももお）

サレジアン・カレッジ（哲学科・神学科）。ラテン語・イタリア語に精通。ハーバード大学留学（英語）。東京大学研修（教育）。大阪星光学院中学・高等学校およびサレジオ学院高等学校の元教頭。旧通訳ガイド養成所（現・文際学園日本外国語専門学校および大阪外語専門学校）の初代校長兼元理事（創業に参画）。全国専門学校日本語教育協会（元理事）。英検１級２次面接元試験官。全国語学ビジネス観光教育協会（元理事）付属観光英検センター顧問。著書に『和英：日本の文化・観光・歴史辞典［改訂版］』、『英語で伝える日本の文化・観光・世界遺産』、『英語で伝える江戸の文化・東京の観光』、『観光のための初級英単語と用例』、『観光のための中級英単語と用例』（以上、三修社）など多数。

● 音声ダウンロード・ストリーミング

CD と同内容の音声をご利用いただけます。

1. PC・スマートフォンで本書の音声ページにアクセスします。

　https://www.sanshusha.co.jp/np/onsei/isbn/9784384060065/

2. シリアルコード「06006」を入力。

3. 音声ダウンロード・ストリーミングをご利用いただけます。

観光英検3級の精選過去問題
かんこうえいけん　きゅう　せいせん か こ もんだい

2021 年 9 月 30 日　第 1 刷発行

編　者―全国語学ビジネス観光教育協会 観光英検センター

監修者―山口百々男

発行者―前田俊秀

発行所―株式会社 三修社

　　　　〒 150-0001 東京都渋谷区神宮前 2-2-22

　　　　TEL 03-3405-4511　FAX 03-3405-4522

　　　　振替 00190-9-72758

　　　　https://www.sanshusha.co.jp

　　　　編集担当　伊藤宏実・三井るり子

印刷製本―日経印刷株式会社

カバーデザイン　　峯岸孝之（COMIX BRAND）

本文デザイン・DTP　藤原志麻

音声 CD 制作　　　高速録音株式会社

観光英検の受験対策にお薦め

観光のための
初級英単語と用例

観光英検３級 ～２級対応

観光のための
中級英単語と用例

観光英検２級 ～１級対応

山口百々男 著／藤田玲子 校閲／ Steven Bates 校閲

A5 判／並製／ 224 ページ
定価各 1,980 円（本体 1,800 円＋税）
初級　ISBN978-4-384-05724-9　　中級　ISBN978-4-384-05723-2

「観光・旅行」に関連した英単語を学ぶための用語・用例集。観光英語検定試験の３級～２級に対応した初級編、２級～１級に対応した中級編、それぞれに必要な語彙を収録しました。

◇ 観光業・旅行業を目指す方に
◇ 団体あるいは個人で海外旅行される方に
◇ 海外からの旅行者を案内したい方に
◇ 観光英検、全国通訳案内士試験の受験対策

三修社
https://www.sanshusha.co.jp